草根神话 系列丛书

心灵栖息地

安 健/编著

中国出版集团 现代出版社

图书在版编目(CIP)数据

心灵栖息地 / 安健编著. —北京：现代出版社，2013.5(2021.8重印)
(草根神话)
ISBN 978-7-5143-1542-4

Ⅰ.①心… Ⅱ.①安… Ⅲ.①房地产业—企业家—生平事迹—中国—现代 Ⅳ.①K825.38

中国版本图书馆CIP数据核字(2013)第079531号

编　　著　安　健
责任编辑　刘　刚
出版发行　现代出版社
通讯地址　北京市安定门外安华里504号
邮政编码　100011
电　　话　010-64267325 64245264(传真)
网　　址　www.xdcbs.com
电子邮箱　xiandai@cnpitc.com.cn
印　　刷　北京兴星伟业印刷有限公司
开　　本　700mm × 1000mm 1/16
印　　张　12
版　　次　2013年5月第1版　2021年8月第3次印刷
书　　号　ISBN 978-7-5143-1542-4
定　　价　32.00元

前言

读小学时的一首诗至今仍然不时地回荡在记忆里，那就是白居易的《草》："离离原上草，一岁一枯荣。野火烧不尽，春风吹又生。"野草具有顽强的生命力，它是斩不尽锄不绝的，只要残存一点根须，来年就能重新发芽，很快蔓延原野。那草正是胜利的旗帜，烈火再猛，也无奈那深藏地底的根须，不管烈火怎样无情地焚烧，一旦春风化雨，又是遍地青青的野草，野草的生命力是多么的顽强！

野草因其平凡而具有顽强的生命力；野草是阳光、水和土壤共同创造的生命；野草看似散漫无羁，但却生生不息，绵绵不绝；野草永远不会长成参天大树，但野草却因植根于大地而获得永生。野草富有民众精神，它甚至于带着顽固的人性弱点。草根具有强大的凝聚力，更具有强大的生命力和独立性。草根代表着这样一群人：他们知道自己很优秀，眼界比别人宽，舞台比别人大，但是他们简单，低调，很热爱身边的每个人，不自大，很快乐地骄傲着。他们来自祖国各地，聪明程度毋庸置疑，但仅有聪明是不够的。尽管他们曾经踌躇满志，但前路是遥远而坎坷的。或者因洁身自好，或者因厌倦红尘，或者因能力不够，或者是命运的捉弄，最终并非每个人都会站在时代的巅峰，也并非每个人都愿意站在时代的巅峰。从他们身上，我们也看得出社会对我们的期许，这就足够了。

对大多数青年而言，上大学是成才和进步的最佳路径，但由于环境和个人因素的诸多制约，不少人的大学梦往往止步于虚幻的梦想阶段，他们对于拥有知识、成就自我的热望，也就此沉淀在琐屑的劳作里。高等教育在一定程度上制约了社会群体的流动，也可能让部分人丧失努力和奋斗的勇气。其实，草根才是主流，草根人物的辉煌人生才是真正的神话。草根人物对自己内心观察和发展前途的思考是什么？草根人物崛起之路的底蕴是什么？草根人物的发展方向和步骤是什么？本书从人生起伏视角发掘古今中外草根人物的困惑和崛起根源，探讨草根人物的创业思路和挣钱方法，求证草根人物成功的秘密所在。旨在通过草根人物的传奇人生，深刻地解读他们的成功细节，是一部真正意义上的草根人生百科全书。

本丛书以专业独特的视角，轻松幽默的笔触，为你还原一个个古今中外草根人物的别具一格的传奇人生，深度解读他们成功路上的呐喊、彷徨和成就，为你带来一种真正意义上的心灵震撼之旅。

尽管我们付出了诸多的辛苦，然而由于时间紧迫和编者的能力所限，书稿错讹之处在所难免，敬请各方面的专家学者和广大读者批评指正，我们将不胜感激！

编者

2012年11月

目　录

开　篇　草根的神话

第一章　一千元铸就楼神传奇

第二章　地产隐霸朱孟依

第三章 亿万富翁的跨越与传奇

第四章 “弃业”游学成就逐梦人生

第五章 全球最大的“包租公”

第六章 信赢天下 善行天下

第七章 六十年的传奇人生

第八章 打工仔的商海浮沉路

第九章 红顶商人领航绿地

第十章 打造中国地产界的劳斯莱斯

第十一章　从木匠变身地产大亨

第十二章　上海滩上的本色富豪

开篇　草根的神话

草根的含义

“草根”直译自英文的grass　roots。

有人认为它有两层含义：一是指同政府或决策者相对的势力，这层含义和意识形态联系紧密一些；二是指“草根阶层”，人们平常说到的一些民间组织，非政府组织等等一般都可以看作是“草根阶层”。

“草根”一词的来源

有学者把非政府组织（也称为非官方组织，即NGO）称作草根性人民组织；另一种含义是指同主流、精英文化或精英阶层相对应的弱势阶层。比如一些不太受到重视的民间、小市民的文化、习俗或活动等等。

从各种文章来看，实际应用中的“草根文化”的含义远比以上的解释来得丰富。至少“无权”还是草根的特征之一。

网络也应该是一种草根文化（grass-rooted　culture），它所能表述的是一种非主流、非正统、非专业或曰爱好者，甚至纯然出自民间草泽的人所构成的群体，他们使之区别于正统的主流的声音，有其独立存在的理由和独特优势。

还有另一种解释为出自民众的人：草根英雄，草根明星。

“草根”的说法产生于19世纪美国寻金热流行期间，盛传有些山脉土壤表层、草根生长的地方就蕴藏黄金，即英文grass roots。

“草根”在网络和现实中的解释可以说很全面。每一篇都谈到了“草根”及其来源，英语、汉语的解释，也都承认最早是流行于美国，而后在20世纪80年代传入中国，又被赋予了更深的含义，在各领域都有其对应的词语。正如“Do News”(IT新媒体资讯平台)的创建者刘韧在其博客《草根的感激》中说的一样：“草根是相对的。”

有一种说法叫“合群之草，才有力量”。这句话有两种解释：

第一就是不要孤芳自赏，要主动合作。

第二是人多力量大，团队合作的重要性，一棵草是永远也长不成参天大树的。

“草根”人物及其性格特点

近年来文化研究，学人多有引用“草根”一说者。野草因其平凡而具有顽强的生命力；野草是阳光、水和土壤共同创造的生命；野草看似散漫无羁，但却生生不息、绵绵不绝；野草永远不会长成参天大树，但野草却因植根于大地而获得永生。

野草富有民众精神，它甚至带着顽固的人性弱点，草根性具有强大的凝聚力，更具有强大的生命力和独立性。

“草根”人物主要有以下两个特点：第一，顽强。应该是代表一种“野火烧不尽，春风吹又生”的生命力；第二，广泛。遍布每一个角落。所以，每一个在自己键盘上坚持更新的Blogger(写博客的人，亦称博主)都是草根。

> **草根代表着这样一群人**
>
> 他们知道自己很优秀，眼界比别人宽，舞台比别人大。但是他们简单，低调，很热爱身边的每个人，不自大，很快乐地骄傲着。

在我们身边有这样一群人：他们知道自己很优秀，眼界比别人宽，舞台比别人大。但是他们简单，低调，很热爱身边的每个人，不自大，

很快乐地骄傲着。

人们都喜欢艺术家，那种提法怎么说呢，对人民艺术家来说，这个帽子足够大吧。

但是现在的娱乐界，尽管人人都喜欢被称为艺术家，但有些明星只能叫娱乐人，却不能叫艺术家。

身为尽人皆知的草根英雄，赵本山无疑是位值得尊敬的艺术家。20世纪80年代，赵本山与潘长江在沈阳北市大戏院演出《大观灯》，一演就是上百场，创造了演出奇迹。

如今已经成腕的赵本山在演出时还是一丝不苟。在很多人的眼里，赵本山跻身艺术家的理由显然充足，通过东北二人转这个东北三省人民的娱乐方式和精神母体发扬光大，同时将中国小品玩味到极致。

其实，英雄莫问出处，赵本山更值得人尊敬的在于当草根成了英雄后，自身仍保持着草根情结，在事业做得游刃有余之时，反手对东北二人转来记“化骨绵掌”，揭开拥有近300年历史的二人转的那块羞答答的红盖头。

从东北二人转到赵氏小品再到影视剧，赵本山用一记装疯卖乐、假痴不癫大法，将东北语言和民间元素表现得淋漓尽致。

放眼时下娱乐界，能做到像赵本山这般对人性和社会现象予以自嘲的同时，对娱乐界进行解构和推进的，有几人呢？毫无疑问，与假痴不癫相比，装疯卖乐更是一种人生大境界，没有几个人真正能够做到。

还有最受欢迎的草根歌手李宇春，她成功的一大标志是拥有着众多的“玉米”和人气。当她登上美国《时代》周刊封面有人撰文说:“李宇春登上《时代》周刊封面,中国呼唤平民英雄。”

其实,2005年“超级女声”的火爆,和境内外媒体的煽风点火不无关联。国内的主要报刊在6月份迅速跟进“超女”选题,有相当大一部分都是受到《今日美国》和《巴尔的摩太阳报》两份报纸的影响。

毕竟,在某种意义上,中国的影像工业造星乏术。尽管有若干影星占据银幕,也有少数摇滚歌手可以炒热体育场,但鲜有电视荧屏上的面孔能够真正出位,而这也正解释了为什么一个名叫李宇春的21岁四川女生会成为中国最受欢迎的流行歌手。

李宇春在湖南卫视那档类似“美国偶像”的歌唱比赛中胜出,并赢得了她独一无二的称号:“蒙牛酸酸乳超级女声”——这个节目吸引到了中国电视史上最大的观众群。

实际上,李宇春现象早已超越了她的歌声。李宇春所拥有的是态度、创意和颠覆了中国传统审美的中性风格。但是,李宇春确实拥有更多含义:她代表了张扬的个性,这就是她成为全国偶像的原因。

换言之,李宇春的个性特质是:其中性化的特点,在这个泛娱乐时代恰到好处地迎合了中性时代的到来。而李宇春其人的成功之处也在于,拥有自身的机遇,加之自身确实拥有一定的实力和努力,从而赶上了一个疯狂的娱乐时代。

李宇春本人亦是借“超女”包装出来的,借“超女”疯出来的,借一帮娱乐粉丝抬出来的。

正如同传统媒体和经纪公

司捧出明星一样，网络媒体自被广泛认可以来，也不断地捧出一个个网络名人，网民是一个特殊的群体。70后的人群在2000年前后，是网络的主力军，他们中的很多人都很有才华，也颇具个性。因而，网络吹捧出了大量的网络写手。

比如，2010年5月腾讯微博入驻过一位刚大学毕业的大学生，他用自己的亲身经历写出被新媒体、各大纸媒誉为中国首部最为经典的微小说《eilikochen京都生活记》，也被称为微小说创始人，他就是陈鹏。

年轻的他成为北漂的代表，腾讯微博粉丝数万，开创了文学史上新的篇章。

《eilikochen京都生活记》是中国首部及时纪实性连载微小说，作者陈鹏先生从2010年5月开始在腾讯微博实时在线写作，随时接受网友的互动参与，陈鹏自己的故事或身边的见闻趣事随时有可能被作者写进微小说里，因此受到网友的热捧。

但人们追捧这部微小说，不仅仅因为它是国内外线上发表的第一部微小说，更因为这部小说道出了现代人心中对现实生活、对各类情感的困惑与迷惘。

《eilikochen京都生活记》已在腾讯微博独家网络在线发布，至今仍在连载已更新发表一百四十回。

草根族

在论坛和博客中，开展评论非常自由，工资低可以呼吁，房价上涨可以发发牢骚，出租车提价可以评论，特别是在论坛上彼此互动，你一言我一语甚至争得不可开交。大家觉得很爽快。

"草根族"的评论有许多并没有石沉大海。

2003年，新华社首次披露中央高层领导对网络的重视看来"草根族"的评论并非人微言轻，"香草根"的"舆论场"作用，日益受到中南海高层的重视和肯定。

> **草根族**
>
> 时下"草根族"这个称呼很盛行，据说"草根族"这个称呼最早来源于法国资产阶级大革命时期，是对社会底层的百姓的一种称呼。
>
> 现在其所指也是社会最下层——平民老百姓的意思。互联网的论坛和博客为"草根族"搭建了一个自由言论的平台，他们可以畅所欲言的谈天下、谈社会、谈热点、谈对一些政策的看法。

然而"草根族"中也有"毒草根"。个别网民编造的谣言之所以具有强大的杀伤力，当然与网络的传播特性有关。通过转帖、邮件、即时聊天工具发送等方式，一个查无实据的谣言很快就能覆盖数量广泛的人群，进而在社会上造成严重的影响。

看来"草根族"中也有良莠之分，"草根族"在网络中应大力提倡自律，遵纪守法，自觉做促进社会主义文明的网民，共同创建健康的、积极向上的、文明的网络环境。

草根文化

"草根文化"是伴随着改革开放思想的解放、意识观念的革命、科技进步、市场经济发展、创新2.0的逐步展现引发的创新形态、社会形态变革及

其带来的社会大众道德观念、爱好趣味、价值审美等变化出现的文化多样化的发展趋势，在民间产生的大众平民文化现象。

后来“草根”一说引入社会学领域，“草根”就被赋予了“基层民众”的内涵。

社会学家、民俗学家艾君在“改革开放30周年解读”中认为，每一次思想的解放、社会变革和科教的进步，都会派生和衍生出一些特殊的文化现象。

它的出现体现出改革开放后文化的多样性特点，也可以从一定意义上反映出以阳春白雪占主流的雅文化的格局已经在承受着社会文化中的“副文化、亚文化”的冲击。

这种特殊的文化现象其实是社会民众的一种诉求表达，折射出社会民众的一种生活和消费需求，以及存在的心理需求。

它具有平民文化的特质，属于一种没有特定规律和标准可循的社会文化现象，是一种动态的、可变的文化现象。科学技术发展引发了创新形态、社会形态的变革，创新2.0也正在成为知识社会条件下的典型创新形态并影响社会的草根化进程。

Web2.0是创新2.0在互联网领域的典型体现，而Blog则无疑是Web2.0的典型代表。

作为管制而没有充分发展，博客提供给普通大众和媒体精英以及潜在媒体精英同样的发挥机会和展示的舞台。

既然媒体精英进入博客写作市场，那么在充分竞争之后，中国博客发展一定和美国的Blog反专业主义、反精英主义发展完全相反，所以中国的博客之后的发展，一定是继续精英化，而不是像在美国祖先一样草根化。

其实不用再多说什么了，那些指望通过BSP（博客服务托管商）的首页，给自己的blog带来流量的草根们，恐怕只好先把自己弄成精英再说了。

草根文化的定义

草根文化，属于一种在一定时期内由一些特殊的群体，在生活中形成的一种特殊的文化潮流现象，它实际是一种“副文化、亚文化”现象。

看看新浪推荐的优秀Blog，余华、张海迪、潘石屹、徐小平真是够精英的。如果幸运，说不定你可以在左下角“最新更新Blog”那里露一下脸。

不否认精英的影响力，实际上新浪正是在利用他们的这种影响力，来吸引草根们到它的网站上开blog，这会很有效果。

但互联网正在把影响力赋予那些以前不具有影响力的人，blog圈是条长长的尾巴，而每个blogger都是这个尾巴上的那么一点。这就是《纽约时报》所说的，“Every one is famous for 15 people”（每个人都可以在15个人中大名鼎鼎）。这15个人，可能包括你的恋人、朋友、同事，你对他们的影响力，可能远远超过那些精英们对他们的影响力。

比如，我告诉你应该看超女，你可能不会看，但你的女友告诉你应该看超女，你就真的看了。

回到前面说的媒体管制，实际上所有的管制都是一部分人对另一部分人的管制，一部分精英对另一部分精英话语权的剥夺。所以很多话只能在自己的Blog上说。

不过有的人不认为写Blog的人会是精英，只不过他的Blog的读者略多于其他Blog而已，但不会像《读者》那样拥有几百万读者。

The First Grass Roots Festival

草根文化艺术节

从媒体的角度看Blog，它的读者总数正在快速增加。尽管每一个单独的Blog都很小众，但它们的读者再少，也一定会有最忠

实的。

整个Blog圈的读者绝对是个可以跟任何媒体相抗衡的数字，这就是长尾的威力。管制几个精英很容易，但管制几百万Blogger很难。

中国的Blog圈不可能走向精英媒体的道路，因为再微弱的声音也有发出来的欲望和可能。门户网站用精英做招牌，目的还是吸引大量的草根。Blog让草根不再只是充当衬托精英的背景，至少在15个人中，每个Blogger都是一个主角。

“草根文化”的现实意义

健康向上的“草根文化”会形成对主流文化的重要补充，但愚昧落后的“草根文化”无可否认也会对传统意义上的主流文化带来辐射、腐蚀和冲击。

改革开放三十多年来，“草根文化”的风起云涌，从一定意义看，丰富了人们的文化生活，补充了人们的精神需求，体现了文艺的“百花齐放，百家争鸣”，对主流文化进行了辅助和补充，使文艺体现出了真正的“雅俗共赏”之特点。但实际上对一些主流文化的普及和弘扬也是一种挑战。

任何的文化不能脱离了其社会价值和对社会发展所具有的责任，不能脱离了文艺的“二为”方向，“草根文化”因为其来自民间、来自生活，这些文化难免有的带有一定的糟粕和腐蚀性。

对待“草根文化”我们应该在“科学发展观”的指导下，剔除一些糟粕，尤其应该剔除那些对我国优秀的传统文化造成颠覆性的破坏较大的“草根文化”，倡导和发展那些群众所喜闻乐见又对社会发展有进

博客的分类

按照博客主人的知名度、博客文章受欢迎的程度，可以将博客分为名人博客、一般博客、热门博客等；按照博客内容的来源、知识版权，还可以将博客分为原创博客、非商业用途的转载性质的博客以及二者兼而有之的博客。

步意义的“草根文化”。

总而言之，对待日趋泛滥的“草根文化”现象，我们应该以“三个代表”重要思想为指针，以“科学发展观”为指导，采取“批判吸收的鉴赏态度”，认真领会认识“继承和发展的关系”“扬和弃的关系”“批判和吸收的关系”，继承和发扬“草根文化”中那些有益的精神文化内容，批判和剔除那些对人的修养、道德建设以及对社会发展、人类进步有腐蚀作用的“劣质内容”，让“草根文化”真正成为主流文化的重要补充，成为构建和谐社会、实现全民小康的一种社会动力和精神财富，成为一笔宝贵的文化遗产。

第一章　一千元铸就楼神传奇

人物传奇

从6岁开始接触生意到如今80多岁的高龄，他一直在商业经济舞台努力不懈，运筹帷幄；从不到20岁只身前往香港到成为香港商界的一代元老，他以始终如一的十足信心投资经营，创造奇迹，奉献社会；既让自己的人生充满精彩，也对香港成为国际化大都市贡献巨大，更在社会公益上成就卓越，成为楷模。一个曾经默默无闻的年轻人，干出了一番轰轰烈烈的大事。短短几十年时间，创下了令世人瞩目的永恒基业。

第一节　人物解读

个人简介

李兆基，1928年2月20日生于广东顺德大良。香港地产发展商，恒基兆业、中华煤气主席、新鸿基地产发展有限公司副主席。他在家中排行第四，故有“四叔”的称谓。他是2008年1月福布斯杂志公布之香港富豪榜第三位，排名次于李嘉诚及郭炳湘等三兄弟。身家为230亿美元，折合1795亿港元。李兆基与同为新鸿基创办人的郭得胜及冯景禧，连同胡兆炽、黄少轩、戚宗煌、吕贤藻及郭锦涛，在1958年组成永业，合资经营地产。

他是香港著名的商界巨头、华人超级富豪，有"亚洲股神"之称。现任恒基集团主席，分别任香港恒基兆业发展有限公司及恒基兆业地产有限公司主席兼总经理，恒基中国集团有限公司主席兼总裁，香港中华煤气有限公司主席，新鸿基地产发展有限公司副主席，美丽华酒店企业有限公司、香港小轮（集团）有限公司、东亚银行有限公司董事，香港地产建设商会副会长，香港港事顾问，香港特别行政区筹委会委员及推选委员会委员。

所获荣誉

佛山市荣誉市民、顺德市荣誉市民、广州市荣誉市民、亚洲企业家成就奖、亚洲股神、亚洲首富等。

个人财富

1994年，李兆基在世界著名财经杂志《福布斯》全球富豪榜上名列第十三位，1995年李兆基被《亚洲周刊》授予"亚洲企业家成就奖"的殊荣，同年更昂首直入世界十大富豪之列，排名第七。1996年以127亿美元个人资产被《福布斯》杂志评为亚洲首富，亦为当时世界第四大富豪，至今仍是华人在世界富豪排行榜的最高名次。1997年再次蝉联《福布斯》全球富豪排行榜第四位，资产已高达150亿美元。据2010年《福布斯》全球富豪榜的最新统计，世界金融风暴后，李兆基仍以185亿美元的个人资产位居全球第22位，全球华人富豪第二位。2011年李兆基先生以195亿美元位列香港富豪榜第三位，仅次李嘉诚和郭氏家族。

第二节　剑闯香港的财富传奇

天生的商业奇才

李兆基1928年2月20日出生于广东顺德,在家中排行第四。这也是多年后,许多人都亲切称呼他为“四哥”或“四叔”的原因。李兆基出生时,父亲李介甫先生已拥有天宝荣金铺和永生银号两间门店,经营着黄金、汇兑、外币买卖生意。他的孩童时代就是在这个小铺子里度过的。他的创业生涯也是从此出发的。

刚一懂事,李兆基就被送进私塾接受教育,熟读四书五经,并对念古书产生浓厚兴趣。不少人会奇怪,没有受过高等教育,投身商界后又生意不息的李兆基,如何拥有下笔成文,洋洋洒洒,既富内涵又有文采的国学根底,根源其实在这里。

10岁时,父亲还礼聘广州中山大学文学系教授梁惠民先生做了李兆基的新老师。梁惠民先生发现李兆基勤于思考,于是常结合课程提出一些问题,启迪他的思维。有一次,在教授完“知止而后有定,定而后能静,静而后能安,安而能虑,虑而后能得”后,梁先生要求李兆基把这番道理结合现实生活去理解。很快,少年李兆基就结合他已有大量接触的金铺生意给出一个老道的答案:“比方说,一个人只有一块钱做生意,那就只有买进一块钱的货。赚了固然开心,万一蚀了也就算了。要知道适可而‘止’,才不至彷徨无主,从而身心镇‘定’,才不受邪恶念头侵袭,便可明心见性,思想宁‘静’,自然气定神闲,理得心‘安’,这时从容处事,更能周详考

> **私塾简介**
>
> 它是我国古代社会一种开设于家庭、宗族或乡村内部的民间幼儿教育机构。是旧时私人所办的学校,以儒家思想为中心,是私学的重要组成部分。新中国成立前夕,共产党在解放区实行土地改革政策,一些私塾的学董因为土地被充公而丧失了聘请塾师的能力。有的则便另图他业。新中国成立后,私塾逐渐消失。

'虑',且可策划将来事业发展,自然成就可'得'。"梁惠民先生听了以后感慨不已。

几乎在念书的同时,李兆基从6岁开始,就被父亲安排进家里的商铺头学习做生意。母亲本来有点担心儿子年纪太小,不能应付那些年长的伙计,但李兆基似乎是天生的生意人,没过多久就成了父亲的得力助手,而且聪明机智,拥有极好的心算能力。

在金铺行业,有一句"打金偷金,打银偷银"的俗语。李兆基进入店铺后,发现自己家的金铺也存在这个问题。他想把这个消息告诉父亲,让父亲采取措施,但铸金匠又是奇缺的人才,得罪不起,因此而担心铸金匠离开后影响金铺的生意。进退两难中,他决定自己学习铸金技术,不再受制于人。

到12岁时,李兆基已熟练掌握了看金、化金、熔金的核心技术及知识,并很快出任天宝荣金铺的头柜,成为顺德无人不知的神童和黄金奇才,其鉴别黄金的眼光和炼制黄金的技术都令人称赞不已。他也从中明白一个道理:靠人不如靠己,当老板,要有过硬的本领才行。

李兆基人生两次传奇

第一次是1948年,这个来自广东顺德的"乡下仔",带着1000港元只身南下做贸易。第二次是1958年开始投资香港房地产。1965发生银行挤提及倒闭风潮,之后内地十年"文革"开始,香港发生"六七暴动",很多地产商缺乏信心,李兆基反而趁低吸纳,在香港买入大量地皮,成功打造恒基集团这个房地产王国。

抗战期间,国民政府中央银行的大洋纸买卖依然活跃,因为人们都认为它到光复之日仍能使用。也是这个原因,大家都只喜欢保留完整、平直和光洁的纸币,因为这样到光复之日才不至坏损。这样一来,残币、脏币在交易时的价值就下跌三到四成。因为家中

同时兼营纸币买卖，所以，这个问题也引起李兆基的注意。之后，他从洗衣中得到灵感，发明出一个旧币换新颜的办法：将旧纸币泡在水里，用漂白粉洗去污渍，再涂上一层蛋白，使它变得硬朗，然后风干熨平。

李兆基谈商人投资

"不义而富且贵，于我如浮云。"他始终认为，不择手段，没有道义，发达了也没有用，做人应该要有自己的原则和理想；投资理念上他认为"商人的投资行为就好像吃东西般，嗅得哪儿有香味便跑到那儿。"要具有战略家的眼光，并且精于计算，能够把握住每一次投资机会。

此招生效后，李兆基开始反其道而行之，一般票号都拒收残币、脏币，他却专爱收购此种纸币。因为他以六至七折收来，悄悄清洁整理一番后，却以十足价钱兑换了出去，不但赚到不低的利润，还额外得到做生意的道理：货物无论何时何地要畅销，就得要好好包装。

李介甫先生在广州湾也有生意，需要频频来往照应。看到儿子已能独掌大局之后，他干脆将顺德的两间店铺全都交给李兆基经营。15岁担当重任的李兆基也不负厚望，将生意经营得红红火火。

日本战败后，货币极度贬值，虽然李兆基经营有方，将铺面管理得井井有条，但眼见世道江河日下，父亲还是希望他另谋他路，找寻更能施展才华的天地。因为三四十年代，正是中国内地战乱频仍、社会动荡不安之时。李兆基在银庄里每日接触大量钱财，他亲眼看见有的人几天前还拥有几捆钞票，几天后便随钞票剧烈贬值而一文不名。年轻的李兆基从中悟出一个道理：钞票只是浮财，而拥有物业才是真正的恒产。这个道理李兆基认为他终身受用不尽，正是靠着它，李兆基才有今天这番事业。

一千元独闯香港打天下

1948年，已经做了4年掌柜，得到充分磨练的李兆基怀揣一千元钱，只身到一个他曾经有过多次停留、并从内心产生向往的地方：香港，躲避战乱。虽然对于前途还是一片渺茫，但动荡岁月的货币大贬值，已让他对生

意有了新的认识:实物比货币更为保值。

当时的香港中环文咸东街,足足有二三十间金铺银店,专营黄金买卖、外币找换、汇兑等生意,业务性质跟李介甫在顺德的永生银号没有分别。初抵香港,李兆基利用他熟悉货币兑换业务的优势,在几间银铺挂单,从事买卖外汇和黄金的生意。当时正值解放战争之时,不少内地财主跑到香港,外汇兑换业务及黄金买卖生意十分兴隆。李兆基与何贤等人合作,在这场黄金大战中大赚了一笔,为其后来事业的发展奠下第一块基石。

50年代初,内地解放以后,英国很快承认了中国的地位,并建立外交关系。李兆基意识到香港将成为中国通向世界的桥梁,李兆基又抓住机会转行做五金生意和进出口贸易,赢得比较丰厚的利润,生意十分顺手。然而,尽管钞票源源不断地赚进,李兆基的心里仍不踏实,广州的经历令他终身难忘,他决心另择生意行当。从过去的经验里,他今次选择了一个可靠的行当——从事地产业。后来李兆基回忆当年生活时曾说:"我七八岁时已常到父亲的铺头吃饭,自小对生意已耳濡目染,后来在银庄工作,令我深深体会到无论法币、伪币、金圆券等,都可随着政治的变迁,在一夜之间变成废纸,令我领悟到持有实物才是保值的最佳办法。"于是,已过而立之年的李兆基在经过深思熟虑之后,毅然选择了地产,走上了一条日后为他带来无量前途的实业之路。

当时,香港人口急增,工商业开始发展,政府和市场上的房屋兴建计划,已不能满足日益增长的需求。早就认为实物比货币更为保值的

李兆基，锁定目标，要向实物（地产）进军。但是做地产最重要的是有预测能力和鉴别能力，买地就像买衫一样，买得便宜穿得久，便说明你眼光好、买得值。李兆基除了投资眼光快且准外，待人接物也很注重传统的人情味，决不像有些商人只认钱不认人，几十年来，他的恒基公司几乎与香港各大地产公司都合作过，被誉称为“百搭”地王。

李兆基对做生意的见解

“小生意怕食不怕息，大生意怕息不怕食。”意思是：做小生意要勤奋，做大生意要精于计算。做大生意的李兆基，是从小生意一步一步做起来的，所以对两种生意都有独到的见解。

“三剑侠”借势合作进军地产

地产投资需要大量资金，他当时的力量还有些不够，但却意志坚定，并很快找到志同道合的人。1958年，李兆基与郭得胜、冯景禧等一共8人合作成立永业公司，正式踏入了地产经营的行列。他们推出“分层出售、十年分期付款”的方式，面向广大中下层市民，一改过去地产业经营方式，使得生意十分火爆，所建楼宇均销售一空。永业旗开得胜，站稳脚跟，并购入沙田酒店经营。

1963年，李兆基与冯景禧、郭得胜两人甩掉其他五位股东，将永业重组，成立了新鸿基企业有限公司，由年长而且拥有40%股份的郭得胜先生出任集团主席，年纪最小，拥有股份30%的李兆基则出任副主席兼总经理。作为总经理，李兆基主要负责三件事情：一是建楼的图则设计，二是买入土地，三是楼宇销售。三人联手，在地产界闻名遐迩，博得“三剑客”之名。新鸿基公司看准香港经济起飞和人口急速增长的时机，大力兴建大型屋村和中小型住宅楼宇，发展得十分顺手。

1972年新鸿基地产股票正式上市，合作了十余年的“三剑客”也于此时分手了。分手后，李兆基分得约值五千万港元的地盘和物业，他又用这些物业于1972年底和胡宝星合作，组建了“永泰建业有限公司”。胡宝星任董事局主席，李兆基为副主席。1973年初，恰值香港股市牛气冲天之时，李兆基趁机将永泰公司上市，每股一元的股票一下子涨至一元七角，李兆基大捞了一把。也是运数使然，就在李兆基大捞一把之后，香港股市随世界经济衰退而大崩盘，地产业也随之陷入低谷。李兆基此时手里握着巨额现金，他看准机会，大肆压价购进土地和旧楼。

对于这三件事情，他件件事必躬亲，并借此练出一身的本领。李兆基过目即能判断出图纸设计是否存有不当之处，令手下著名大学出身的规划设计师都自叹不如。其买地功夫也很了得。一次，得到皇后大道中励晶大厦旧地业主郑宗枢有意将地皮出让，并已口头答应卖给别人的消息，他赶紧追问：“谁跟郑宗枢相熟？”左右人等都无法作答，并被提醒说对方明天就要在律师楼签订买卖合约了。李兆基听了，点点头说：“那即是说我还

有今晚这一夜的时间。”果然,他经过多方打探后找到了办法,在凌晨打电话找到了一位与郑宗枢相熟的朋友。不几日,便得到了那块地皮。

李兆基名言

香港人把“成功”叫作“发达”,我认为“发达”不光是“有钱”,知识积累得多也叫“发达”;为了自己的将来,我没有退路,千万不要入错行。

这样的消息,一般人听听罢了,即使有兴趣,在听说人家已经谈好以后,也会作罢。但李兆基却绝不放弃。在此后的岁月中,他始终保持这种认定目标、锲而不舍的精神。有人因此说,只要肯想,一定会找到答案,这就是李兆基的信仰。他一向笃信有志者事竟成。他说:“只要肯动脑筋去想,方法自然会生出来。越是难度高,越能考验头脑,越能锻炼能耐,而且也一定越有厚利可图。”

在销售上,李兆基也大胆创新。当时香港的物业大都是整栋出售,大量中等收入群体对此望洋兴叹,于是,他创造出一个分层销售和分期购买(按揭)的办法建楼卖楼,结果大受欢迎。很短时间内,新鸿基企业就在地产界崭露头角,获利颇丰。李兆基、郭得胜、冯景禧也被业界冠以“三剑侠”的美名。李兆基所始创的分期购买,更在此后被广泛采用,对香港市民的安居置业起到很好的帮助。

创建恒基兆业独自展翅

1975年,香港股市开始复苏。李兆基也在此时成立了自己的公司——恒基兆业有限公司。股本1.5亿港元,地盘20个。公司成立之后,李兆基有意将恒基兆业上市。他选择了一个最便利的方法——买壳上市。即收购一家小型上市公司,然后将之改造,以崭新面目上市。李兆基的目光瞄向他与人合股的永泰建业公司。他以物业换取了永泰1900万股的新股,成为最大股东,取代胡宝星出任永泰董事局主席。李兆基接手永泰后,他又将面向广大市民的经营方法注入永泰,使永泰发展良好,股价也随之上涨,由原先不足一元涨至1976年初的三四元。在李兆基经营下,永泰生意蒸蒸日上,赢利迅速增长。

李兆基名言

1. 赚钱越多就能捐献更多,做善事有钱出钱有力出力。

2. 少年得志,狂妄自大,游手好闲,不思勤奋,是失败之源;放纵自己,轻佻浮躁,早晚会闯祸;凡事不可忘本,饮水而不思源,后果堪虞。

至1979年，由于赢利增加一倍多,李兆基决定派送新股，这样永泰股数逾亿股,市值已达9亿多元,拥有20余个楼盘。按香港法律规定，一家上市公司的股票，私人不能拥有超过百分之七十五。李兆基在永泰已拥有百分之七十的股票，因此，他无意将永泰再扩大。他的目的,还是要将作为永泰总公司的恒基兆业早日直接上市。

恒基兆业成立之初,仅有股本1.5亿元,楼盘20个。但几年之后,它的地盘激增至逾百个。在寸土寸金的香港,要源源不断地取得足够的土地来建房绝非易事。李兆基以其独到的眼光和方式来为自己增加土地储备。他采取的方法是收购旧楼,然后拆建出售。这些旧楼由于绝大部分在市区,故发展潜力十分惊人。

李兆基长年在欧美的中文报刊上刊登广告,收购香港的旧楼。这一招,不仅方便了那些华侨,也使得李兆基在没有竞争对手下取得最优化的效益。在收购了一层旧楼后,他会想方设法陆续买下全楼,然后再逐渐买下周围楼宇,无声无息地扩充着。在收购后期时,即使价格较高,他也会毫不犹豫地买下。因为即使如此也比官地竞投合算。李兆基以工业化方式经营地产业。他将土地视为原料,楼宇为制成品。源源不断地收买土地和不断生产出成品,使恒基兆业博得港人口中的“楼宇制造工厂”的名声。

他在恒基兆业成立3周年时出版的纪念刊物写道:“香港为世界贸易之枢纽,亦为国际金融中心,向属工商重镇,旅游购物胜地,因其具有经济之潜力,足够之工源,低廉之税率,及汇兑之自由,凡此皆足以做成其优越地位。由是万商云集,人口荟萃,加上战后人口急剧膨胀之下,顷已接近50万之众,而全港土地仅约400平方公里,其中适宜发展,可供建屋者不及

20%。地狭人稠，寸金尺土，居住乃成生活重担。每年婚嫁觅居青年数以万计，楼宇需求，有增无已。加以市区可供发展土地日形短缺，当局虽有移山填海之方，普建廉租屋宇之策，无奈缓急不克相应，预见数年内‘屋荒’仍然存在，而地产业将必璀璨，楼宇价格，长远着眼，应予看好。”至今，这个判断都仍具参考意义。

凭着这种远见和信心，在恒基兆业成立不到3年内，李兆基先生抓住每一个机会，缔造出一个个商业奇迹。

1981年六月，在香港股市的再一波狂潮中，李兆基成功地将恒基兆业推上市，一举集资10亿港币，充实了自己的实力。成功地度过了80代初、中期香港地位未定时的低潮期，李兆基和他的恒基兆业又上一层楼。1988年，恒基兆业地产公司全面收购了永泰建业，将之改名为“恒基兆业发展有限公司”。与此同时，恒基发展又宣布发行12亿新股。由于该公司拥有25.7%的香港小轮公司股权和26.4%的中华煤气股权，更显得实力雄厚。拥有恒基兆业地产和恒基兆业发展这两个实力雄厚公司的李兆基，也一举跃入香港十大富豪榜中。香港地产界权威人士在评判李兆基与李嘉诚、郭德胜、郑裕彤四人时，曾有这样的评语：长江实业雄才大略；新鸿基地产稳健有为；新世界发展勇气逼人；恒基兆业则眼光远大，先声夺人。

至此，李兆基精心设计的收购、吞并战终于实现了完满的结局，李兆基通过完全吞并原来实力比他强的胡宝星，达到了利用别人发展自己的目的。而李兆基的借壳上市、以小搏大的收购、吞并战术，至今仍成为股市收购战中的成功范例，

李兆基名言

我的志向为"上善若水",愿望是"自然无为"。现在的"志向"是希望慈善公益能如水般灌溉万物，就能昌盛、繁衍；"愿"是凡事无求,安康地生活下去;不在乎天长地久,只在乎曾经拥有。人生不能无憾,我们只能努力活得精彩。

成为香港的经济学教授的课堂上经常引用的著名例证。

1993年2月,他与郑裕彤、何鸿燊以14.9亿港元收购加拿大WestcoastPeboleam公司。1994年8月,出售加拿大物业百福轩(总楼面要1.63万平方米),市值1.6亿美元。恒基地产于1992年大量投资大陆房地产,1993年6月止,在大陆供集团发展的地盘共有20个，总楼面积逾185.8万平方米，分布于北京、上海、广州和深圳等地,其购入成本低于集团总资产10%。1993年下半年,恒基地产再分别购入广州及北京东城两幅地皮。李兆基原计划将这些大陆投资分拆上市,但未能成事,部分原因是恒基中国缺乏3年业绩,未符合上市规则,故此,恒基地产转而发行可换股债券(债券可兑换成日后上市的恒基中国股份),集资4.6亿美元。恒基与新鸿基地产、新世界发展联合投资65亿元人民币,投资武汉江滩填平工程、改造涡轮机厂、重型机厂、重建武汉中山路、武汉饭店;与九龙仓签意向书计划投资上海静安区商品房;又与新鸿基地产、新世界发展等组基金至少1亿美元投资武汉国企。

经过多年发展的李兆基，现在已成为香港地产业界中具有举足轻重的显要人物。他现在是香港恒基兆业地产及香港中华煤气公司主席,共计持有59.87%的恒基兆业、2.5%东亚银行、12%新鸿基公司、10%星洲新达城市发展的股份。此外,李兆基通过恒基兆业地产持有71.8%的恒基发展、29.7%中华煤气、32.6%油麻地小轮和25%广州洛溪新城的股份。1996年,恒基兆业地产总市值达123.30亿美元,资产总值为679.45亿港元,营业额111.71亿港元,在香港上市公司排名中位居前列。

成功转型

几年前，李兆基就已逐渐将企业经营交给下一代及专业人士打理，

但至今依然在为自己的企业王国运筹帷幄。2004年12月15日，李兆基宣布成立了“兆基财经企业公司”，专门管理家族分散在全球高达65亿美元的投资。

兆基财经企业公司成立以来，李兆基在投资领域的表现格外引人注目，可谓业绩彪炳。期间，他先后斥巨资大量购买在香港上市的内地中央企业股票，中国网通、中国人寿、中国财险、中国电力、中石油、中海集运、平安保险、交通银行、中远控股、神华能源、建设银行等众多企业都得到他的垂青和巨资进入。2006年中国银行在港上市时，李兆基又购入13.14亿股(约4.97亿美金)，继续力挺中央大型企业。亦通过此项投资获得了高额的回报，在这三年成功转型，而几年来跟风认识内地企业新股的香港小投资者，同样获得了厚利。

一个78岁的老人，还能在三年前成功“转行”，把兆基财经企业公司的500亿资产变成1200亿元，荣膺“亚洲股神”。曾几何时，这位“亚洲股神”却最讨厌炒股票，十年前他便曾以恒基集团主席身份，向当时的国家主席投诉，1997年时内地公司在香港上市的红筹股炒得过热。他所言非虚，当时受追捧的红筹股，绝大部分没有赢利支持，乱炒一通，最后接火棒的还是一众散户。十年后的今天，李兆基却看准机会，转而善用香港国际金融中心这个平台，让云集于此的数以万计全球金融专才，将他拥有的巨额财富，变成更巨额的财富。

李兆基选股基本功

首先是拣国家，我最看好中国，经济增长最好，其次是日本。第二，拣行业，首选四大行业，保险、银行、能源、地产。最后就是要拣龙头股，像中国人寿、平安保险、中石油，只只都是龙头股。

第三节　事事有原则的地产商人

经营原则

李兆基有一个分散、分细、分期、分层的“四分散”经营原则。所谓“分散”是购入土地不应集中在某一区域，而应分散于港九新界各地；“分细”是设计住宅单位要以越小越好为原则；“分期”是指分期付款，其目的在于更进一步减低购房者的经济压力；“分层”则是在买入地盘设计规划时，就要以兴建分层住宅（高层住宅）为目的去考虑。通过“四分散”，恒基兆业推出了大量受到普通市民欢迎的住宅项目，为众多财力有限的中低收入家庭圆了安居的梦想。

事业发展，李兆基认为不能只顾自己赚钱，也要照顾他人的利益，信誉最要紧。恒基兆业刚成立就遭遇市场低迷的冲击，当时，不少地产商都选择减发员工工资或拖延工程款等办法渡过危机。但李兆基却对公司财务人员说：“现今好比十面埋伏，草木皆兵。在这种险境下领军，最重要粮饷充裕，切勿无端扣军粮，影响军心，折损士气，反而就因小失大了。”而且还特别提醒，务必要准时结账给承建项目的包工建筑商们。他说：其是时势不好，自己担心，别人也担心。自己手紧，别人也手紧。千万别鼓励恶性循环。”因此，恒基兆业一直是最受包工建筑商欢迎的地产商之一，只要李先生一有楼盘，千军万马就跟上去。

目光长远的生意人

李兆基的座右铭是:“先疾后徐,先声夺人,徐图良策。”他认为凡成功不可或缺的是培养好自己的能力,做好事前准备,有独到眼光,方能先别人一步。除目光长远外,因地制宜的产品,良好的管理和成本控制,以及薄利多销策略,也是恒基兆业成功的秘诀。李兆基有句名言:“小生意怕食不怕息,大生意怕息不怕食。”他认为,做小生意最重要的是勤力,艰苦奋斗,他最不喜欢把时间及金钱花用在吃吃喝喝的应酬之上。而做大生意,最紧要是计算精确。生意额大,牵涉的本钱和赢利大,出入的利息,多一分少一分都很重要。

李兆基虽只是小学毕业,但却身怀绝技:用算盘计算快过电脑。他看得远,算得准,记忆力和执行力惊人。对辖下的地盘、面积、入价、可供发展什么副业,他都了如指掌。对集团属下的业务,他都亲历亲为。亲自指导绘图、设计,并将自己当作用户,设身处地地考虑住宅怎样设计才更实用。20世纪80年代中期的一次,他看到一张专为中小家庭设计的面积较大的房屋示意图。拿起来就对设计师说:“中小家庭很少会在家里招呼亲戚朋友,同事互相拜访的情况亦不多,有什么喜庆宴会,都是光顾酒楼茶室,因此客饭厅反而不必太大。多出的面积应设一个浴室放在主人房里,就更有特色了。”后来,他的这个发明大受欢迎,并被迅速普及。

李兆基入股金至尊

金至尊的股东方——香港资源控股主席黄英豪、明丰集团董事长刘旺枝、恒基兆业(00012.HK)副主席李家诚共同组建“中国金银集团”,从事“金至尊”品牌业务的研发、设计、生产和销售。在香港、澳门和内地主要城市以直营、特许加盟的模式建立零售网络。

成功之道

对于事业和为人处世,李兆基先生有自己的看法:一是“小富由俭是至理名言,因为第一笔本钱最重要,有了它作为基石,才易于成功”。他进一步阐释:“做人最忌的是日赚日花,入不敷支,有了本钱,安定下来,失业

时也不用徬徨。”这副本钱就来自勤俭，他奉劝年轻人赚到钱千万不要即时花光，而是要储下来。“所谓大富由天，绝不是听天由命，而是指顺应天时地利，绝对不可强求。财来有因果，有缘由，有机缘，也有福分。一旦明知不可为而为，勉强的后果早晚会招致失败。”他说：“‘不贫’、‘不富’者最有福，可以自得其乐。”

二是止、定、静、安、虑、得。李兆基总结《大学》其中一段：“知止而后有定，定而后能静，静而后能安，安而后能虑，虑而后能得。”而得出止、定、静、安、虑、得的“六字真言”，认为不论做事好，做生意好，投资也好，这六字真言都用得，只要按这六个字慢慢地想，一步一步地来，“便不会有大危险，做事便会有条理、层次。”

李兆基少年读书时，便曾被老师梁惠民考他如何将这六字真言融会贯通在现实生活之上，当时李兆基的回答是：“譬如说，一个人如果只有一块钱做生意，那就只有买进一块钱的货。赚了固然开心，万一蚀了也就算了。要知道适可而‘止’，才不至彷徨无主，从而身心镇‘定’，才不受邪恶念头侵袭，明心见性，思想宁‘静’，自然气定神闲，理得心‘安’，这时从容处事，更能周详处事，更能周详考‘虑’，且可策划将来事业发展，自然成就可‘得’。”

三是投资要精确计算回报。李兆基认为，投资，最重要是精确计算回报，回报低就不做，回报高便值得研究，进行投资。李举例说，他所成立的教育基金便是一个很好的例子，十多二十年投入的资金，培养了人才，生生不息，一个培养十个，成功人才回馈社会，十个再培养一百个，无穷无

尽,便是最好的投资。

赌钱就最不好,给人抽水,回报低,最终必输。又如买楼变了负资产,也是属于得不偿失的投资。

第四节　公认的企业家榜样

作为一名成功的大企业家和超级富豪,李兆基先生为人钦佩的并非只是创新经营和创造财富的超级本领。他对事业、对人生、对社会以及对财富的态度和原则,更是被公认的榜样。

李兆基一直保持朴素作风。曾经有一个关于他就餐的美谈传遍香港,李兆基如果在公司,一般都在办公室午餐,吃得相当简单。有一段时间,下面的人老送一样菜,他每次都吃个精光,也不发表任何意见,大家因此认为他对此菜有特殊的爱好,结果,因工作变动换来新人送上新菜之后,却见老板开心得很,情不自禁地说:"哈哈,有新菜式了。"对于衣着,他也没什么讲究,直到20世纪80年代老朋友萧经岳提醒:"四哥,别怪我坦率,你的衣着未免过于寒酸了吧!"并告诉他这代表着集团的形象之后,他才嘱咐秘书:"请代我找个裁缝来,我要订造一批新西装。"他的办公室和住房,包括生活用品等等也都是一切从简。数十年来,他不戴眼镜、不戴戒指、项链、手表。萧经岳20世纪90年代到他家做客时,他还拿出人家80年代提醒他着装时送的剃须刀,笑嘻嘻地说:"这是你送给我的。"

李兆基是企业经营的"铁算盘"。但对员工及合作伙伴,他向来仗义疏财。几十年来,几乎跟香港各大地产商都有过合作,而且从无不愉快的经历。

80年代初期,一位雇员炒股炒楼炒到血本无归,被证券经纪行迫仓。李兆基先生知情后,立即安排替他平仓。公司会计有些不解,

商儒并行

李兆基除了事业成就之外,跟随过李兆基工作的人都可以证明他的国学根底相当深厚,每年集团年报的主席报告都是由他亲自撰写或修改。李兆基下笔成文,洋洋洒洒,既有内涵,又有文采,经常令他那些有硕士和博士学位的同事自叹不如。

因为恒基本身还欠下很多银行债务，而且处于低迷中。李兆基则说："就是这个时候，我不帮他，还会有谁帮他了？"20世纪80年代末美国地产大跌，一位移民美国，跟随李兆基多年的雇员的女儿写信说没办法付按揭，银行要充公她的房子，李兆基立即汇款40万美元，让她买下了房屋。

李兆基明白打工仔只靠一份薪金，收入总是有限。因此，他想方设法增加他们的收入，每遇到好项目，他就让几个同事入一次股，让他们赚到比薪金多得多的利润。有的同事一时半会儿拿不出钱，他就以私人的名义先替他们垫资。有的员工自己创业，只要是走正道，他也给予帮助。

第二章　地产隐霸朱孟依

人物传奇

有言“小隐隐于野，大隐隐于市”，合生创展、珠江这两大地产集团的掌门人朱孟依无疑属于大隐士之列，传说他“极少接受采访，不喜高谈阔论”。作为地产界一位“沉默的大佬”，各媒体提到朱孟依时往往对个人情况语焉不详，但在形容他的语句在含义上达到惊人一致：“大音希声，大象无形”、“巨贾无言”、“地产隐霸”、“地产潜龙暗争锋”等等。在地产界，仿佛并不存在他这么一个人，但他却造就了巨无霸式的企业，在2004年销售额突破百亿，成为国内第一人。

第一节　人物解读

个人简介

朱孟依，1959年8月出生于广东省丰顺县，是中国房地产界的风云人物。于1992年与张荣芳、陆维玑夫妇一起在香港创办合生创展集团。任合生创展集团有限公司主席。是中国地产界一位沉默的大佬。

个人财富榜

获2008胡润慈善榜第2名；2008胡润百富榜第10名；2009胡润慈善榜第3名；2009海南清水湾胡润百富榜第5名。

各界评价

地产隐霸:朱孟依;

公众印象:沉默的大佬;

媒体评价:实干本色,商人智慧;

业内评价:朱孟依是一个很有魄力、很有前瞻性的企业家。合生创展才是房地产界真正的航空母舰,在广东做房地产,你的成本很难抵得过朱孟依。

第二节 “朱老农”的创业之路

顺理成“商”

朱孟依,1959年8月出生于广东省丰顺县,是中国房地产界的风云人物。在地产业,大多数人不知道他,少数知道他的人称呼他“朱老农”。但这并不妨碍万科地产的董事长王石对朱孟依的尊敬:“合生创展才是中国房地产界真正的航空母舰。”——需要介绍的是,合生创展是朱旗下的香港上市公司,但并非全部业务。王石显然并非溢美之词,如果把合生创展和万科进行一下比较你就会清楚这一点:合生创展在广州一个城市的开发规模,与万科在全国五大城市的发展总规模相当,1998、1999年两年,合生创展在广州一地的利润就超过万科在全国五个城市的利润总和。仅广州一地,合生系开发的项目就有近20

个，销售商品房面积就超过600万平方米，如果算上北京及广州正在开发的项目，总额将超过1 000万平方米。这个数字在国内私人开发商中，无出其右。

朱孟依管理语录

企业发展中速度的作用要大过规模。规模有时会带来灾难，速度比质量还重要。合生在快速扩张，已经形成了一套行之有效的操作模式，土地签合同后三个月要开工，六个月后要派筹。

做企业，就是选择每天都睡不好觉的生活，白天你用前面的脑子想问题，晚上还得用后面的脑子想问题。从朱孟依还算不上“做企业”的阶段，他已经比别人想得要多。80年代中期，经商热潮席卷朱的老家丰顺县城，20岁出头的朱孟依成为镇上的一个包工头。“那时在我们镇上，很多人在家门口开商铺，很乱。我就想，如果把这些人集中在一条街上的话，又好管理，又容易形成市场。”朱孟依去找镇政府，表示愿意帮助建设商业街，回报只要将业主租金给他分成就可以了。把策划投资与参与经营与地产开发捆绑在一起，这已超出了包工头的工作范围，从一开始，朱孟依就自觉地成为了地产开发商。

朱孟依在上世纪90年代初期来到香港，并顺利获得香港永久居住证。从丰顺到广州，几年时间内朱孟依积累了广泛的人际关系以及超强的市场洞察能力，这让他能够有资本在1992年与张芳荣、陆维玑夫妇在香港共同创办合生创展集团公司。合生创展性质上虽是一家港资公司，但其主要活动地或者说经营地却是广州。朱孟依总是追求大动作，因为朱与政府的良好关系，预先获知了广州新城未来发展的契机，因而得以以低廉价格抢先一步在当时尚属偏僻的广州天河区购买到大批农田。他的盘算是：在广州市政府的未来规划中，天河区将被发展成商业中心。颇具气魄的华景新城让合生创展声名鹊起，而且很快天河就变成广州市内最繁华的商住区，朱孟依既把握住了机会，又推波助澜促进了天河的崛起。这无疑成为他日后与广州政府关系融洽的良好开端。

随后，合生在广州开发了骏景花园、帝景苑、愉景雅苑、华景新城、暨南花园、华南新城等16个项目。这持续的开发很大程度上不是依靠强大的

> **财富家训**
>
> “投资要保持最大的利润，至少是10%以上，保证风险最小，坚持全额投资；每一个国家只设一个工厂，从事一种产品专门生产。”“投资要选择最幸运的地点、最有利的市场、最有前途的产品”。

资本或人脉，而是在于朱对于市场前景的得当拿捏：合生拿到的土地都位置偏僻且地价低廉，但是几乎都位于城市未来扩张的中心区域，比如广州的天河、番禺。价格低前景好形成了合生扩张车轮的良性滚动。而且，朱孟依无心小打小闹，合生从天河华景新城开始，就以面积大为显著代表。合生在广州开发完成的项目中，建筑面积超过50万平方米的有5个，超过100万平方米的有3个，甚至有项目超过200万平方米。

廉价的土地和大规模的建设，使合生开发的项目比别人拥有更低的成本。原恒基中国公司在大型发展商中，建筑成本是最低的。以高层塔楼为例，一般发展商每平方米的建筑成本是3500元，但合生的成本只有2500元。而十几层的小高层，合生每平方米的建筑成本仅为1700元，但其他发展商却需要2300元。”

1997年，天河东郊并没有大型的住宅项目，合生在那里巨资开发了骏景花园，当人们看淡这块土地的价值时，九运会的举办使房价一举升温。而后来，当朱孟依把战线扩张到全国，他的战略同样如此：以刚刚拿到的

天津宝坻县1.8万亩土地为例，土地均价每亩仅为6500元，政府还要投资市政建设。简直可以用“惠而不费”形容。

光缆生意

但“朱老农”不仅广积土地，也懂得精耕细作：合生引进香港房地产先进的设计、开发以及管理理念，大量创新保证了物业的高品质。低价格、高品质的物业最终在市场上形成了强势竞争力。这些创新大大增强了楼盘的品质，谢世东介绍，由于品牌效应，合生开发的楼盘，都比周边项目价格高，而且卖得更快。骏景花园每平方米售价5000元，但周边项目的均价仅为4000元，3000套住宅两年内全部售完。

朱孟依不只铺设一根政务IP光缆，他在挖管道的同时，铺设了更多的管道。然后，他将这些管道出售给那些急于铺设光缆的电信运营商。一根管道每公里的售价是8到20万元。不到两年时间，朱孟依在广东省内就铺设了3000多公里的网络。民营企业铺设光纤以及销售管道的做法，引起了信息产业部的不满。除了中国电信，盈通是广东省内拥有光纤网络资源最多的公司。2001年11月，朱孟依将其在盈通的绝大部分股份，全部出售给急于介入电信行业的中信集团。业内流传的价格是11亿元。朱孟依全身而退，两年时间，至少赚了10个亿。

经营理念

精明的朱孟依早早地意识到资本市场的力量，由于私营企业、尤其房地产企业一直无法在内地上市，从一开始他就在香港成立公司，为以后上市做好准备。1997年，朱孟依在百慕大注册成立受豁免公司。1998年5月，合生创展(HK.T54)在香港上市。每股2.7元港币，发行2.5亿股，筹资6.7亿

> **积极吸引人才**
>
> 现在合生的高层人物，几乎都是朱从各个竞争对手处挖角而来。中国海外集团的项宾、万科集团前总经理姚牧民、万科深圳公司副总经理、恒基中国公司总经理谢世东以及广东城建集团总经理，都曾让朱耐心等待过许久。

元港币，其中朱孟依个人持有上市公司63.75%的绝对股份。截至2001年底，合生创展的总资产已达56亿港币，净资产25亿港币。

较早地解决了资金问题让合生创展抢先赢得了资本力量的支持。正是在1998年前后，合生利用资本优势，乘机储备了大量土地，项目开工面积大大增加。从1998年到1999年短短一年时间里，合生创展就有110多栋楼宇相继建成，其开发规模、销售业绩，在广州房地产业无出其右。2000年，合生创展旗下楼盘销售额占全广州市场5%的份额。一些业内人士估计，2002年，"合生系"的销售收入将超过100亿元。

从1993年起，合生创展投资的房地产项目中，70%的项目都与广东珠江投资公司合作开发，每次合生创展都是大股东，占有其中70%的股份。合生创展作为一家外资公司，根据国家以往的规定，除了投标及投地外，没有独资开发土地的资格，因此合生创展需要一个当地的合作伙伴进行土地开发。谢世东告诉记者："合生控股，控股公司可以计入上市公司营业额，而如果是参股公司，只能享受分红派息，完税后才能计入财年营业额。"

不能忽略的一个事实是：珠江地产只是朱孟依旗下内地公司珠江投资的一部分。合生创展1992年在香港成立一年后，珠江投资公司便在广州成立，目前更是已发展成为投资房地产、公路桥梁、通信网络、证券等行业的大型投资控股公司。至2000年底，珠江投资下属公司以及合作公司共28个，公司总资产50亿元，其中净资产10亿元。除了房地产，珠江投资还参股

投资广州惠州高速公路,成立了广东盈通网络投资公司,并开始介入证券业,参股广发证券。

珠江地产只是珠江投资的开路先锋,除了进行资源积累,还锻炼人才,打开知名度。进行这种远景安排,对于一贯善于"购买未来"的朱孟依而言,再自然不过了。有充分的理由理解朱孟依下一个十年的全面扩张计划。

他的胃口还远没有被填满:在上海,合生购买了1400亩;在深圳,合生拿到了300多亩;在北京,去年一年,合生就一气拿下北京5块大型开发用地,总开发面积达到270万平方米。与此同时,在武汉、南京、西安等二级城市,合生也进行市场调研或成立分公司,全国范围大肆扩张的大幕已经拉开。

资本运作

朱不但注重产业,对资本运作也颇有心得。1998年5月,合生创展(0754)在香港上市。每股发行价2.7元港币,共发行2.5亿股,筹得资金6.7亿元港币。朱持有该上市公司63.75%股份。

截至2001年底,合生创展总资产已达56亿港币,净资产25亿港币。合生创展在资本市场的纵横捭阖,为朱解决了后顾之忧。

朱善于抓住一切机会赚钱。2000年前后,朱利用九运会在广州召开,为九运会铺设数据传输网络工程的机会,"顺带"为自己铺设了几条管道,然后,通过将这些管道出售给那些急于铺设光缆的电信运营商,在两年不到的时间内,就净赚了10个亿,而朱的投入前后不超过两个亿。

朱孟依特别之处

1. 合生创展战略转移,"摸清水有多深",然后一举杀入。

2. 合生创展热衷于做中高档、大型或者超大型项目,并且远远走在别人前面。

3. 合生创展拿下的土地,一般不在中心区域,但会在有极大发展潜力的区域。

4. 朱孟依的手下得力干将,大都来自万科等公司,知人善用令他无往不利。

第三节 大音希声 大象无形

做人与做事

朱孟依做事亲历亲为，性格中有一种“商业信念”之“犟”，也常常对员工工作不满而大发脾气。下属对此心存敬畏。珠江绿洲开发前期，由于这是以合生创展品牌打入京城的第一个楼盘，他甚至在餐桌上都不断在和人讨论户型设计稿，“那架式，反而更像一位打工者”。他身边的人回忆道。“苛刻”也是朱孟依身边的员工对他的评价。“他经常因为对员工工作不满而发脾气”。1992年他与人在香港共同创办合生创展集团有限公司。2003年，合生创展集团已经发展成为一个资产总值过80亿元的香港上市公司。“大音希声，大象无形”，朱孟依似乎深谙这一道理。他引领合生创展在广州城纵横捭阖后挥师北上，一口气在京城拿下数幅大地块，全国性品牌由

此树立；而他的低调作风，又为其性格抹上一层神秘色彩。

> **财富家训**
>
> “金钱一旦作响，坏话随之戛然而止。”“只要你们团结一致，你们就所向无敌；你们分手的那天，将是你们失去繁荣的开始。”“要坚持家族的和谐”；“人生只有靠自己，靠谁也不行！做生意要赶早，过了这村就没有这个店。”

这种低调务实之作风，大概是广派企业家之群像。合生创展与碧桂园作为“广派发展商”的典型代表，他们的共同特征就是：低调做人、高调成事，并且坚持“向利润极限挑战”，从拿地到卖房，实行设计、开发、建设、物业管理，甚至建材的全价值链通吃的模式。也惟其如此，与两小时车程之隔的深圳相比，广州的房价相对较低且稳定。

80年代中期，在老家广东丰顺县城，20岁出头的朱孟依凭借着敏锐的见识、独到的眼光，挖到了第一桶金。那时丰顺县城商业刚刚兴起，不少人都去摆摊做生意，朱孟依想：要是能够将摆摊集中在一个地方，既热闹又方便。于是他去找镇政府，提出由他出资建设商业街，只要求将业主租金提成。他拿到了“订单”。

朱孟依的市场洞察能力以及善于利用政府资源，使得他很快在广州扎下来，而且是深深地扎入土地之中。早年，他以低廉价格抢先一步在当

时尚属偏僻的广州天河区购买到大批农田。这种抢在他人之前数年拿地的做法，令合生创展此后仅土地资产即呈数倍乃至10数倍级增长。事实证明，朱孟依早年那些偏僻、地价低廉的地块，数年后成为了城市扩张的中心区域，如广州的天河东圃、番禺等。

朱孟依不会放过任何一个商机。2000年，朱孟依利用为广州九运会铺设数据传输网络工程的机会，“顺带”为自己铺设了几条管道，然后，通过将这些管道出售给那些急于铺设光缆的电信运营商，在两年不到的时间内，就净赚了10个亿，而朱自己前后投入不超过两个亿。

目光超前

朱孟依热衷于做大型地产项目，并且远远走在别人前面。顺着市政发展的方向，向东向南不断开发，是朱孟依在广州取得成功的关键。1993年，他在天河动工开发大型商住区华景新城；1994年建暨南花园；1997年开发了愉景雅苑和骏景花园。到目前为止，合生创展在广州开发的项目超过了16个。另外，合生创展还将触角伸到北京及天津，分别开发了北京珠江骏景花园、天津珠江温泉城等7大项目。合生创展集团在广州开发完成的项目中，一些项目的面积超过了200万平方米，其在天津开发的珠江温泉城据说面积达12平方公里。

朱孟依早期追逐快速销售，快速回笼资金。但在2004年房价开始上涨后，朱孟依就要求，一定要把价格卖得更高。房子卖得快了，反倒要被他骂，因为房子都卖出去了，想提价却没货可卖了。

财富家训

“加入一个公司是一种要求绝对忠诚的行为。”“‘思考’的重要性高于忠诚”；“人是最重要的。”“不要怕犯错误，放手去干吧！如果我们要做这件事，那就立即去做。”

合生创展的楼盘经常频繁提价，有次竟要求所有楼盘次日提价1000元/平方米。营销人员深恐这样会影响销售，但朱孟依就是一如既往地坚持。合生的楼盘，向来是所在区域性价比较高的，广州天河东圃的骏景花园就比一墙之隔的其他楼盘高出近1000元，北京珠江帝景也带旺了大望

路区域的其他楼盘。

合生不仅广积土地，加高利润，更懂得通过公司治理结构节省各项目经费。以营销中心为例，各项目都要做广告促进销售，但如果各自为政，打广告就无法取得最低价。因而营销中心整合所有广告，每年举办广告招标会。由于合生一家的广告量数千万，招标会成为广告界每年的大事。

合生早期与碧桂园一样，奉行快速多变的发展模式，项目公司有足够的权限，而且项目分级较多。“整个集团分地区公司。集团总部又有开发、经营、财务、工程、行政等几大部门。集团的老总直接分管地区公司的老总，地区公司的负责人再分管项目；另外集团的几大部门又直接负责项目管理运作。”

2005年，武捷思以集团总裁的身份加盟合生(2008年1月已离职)，此种状况才有所改善。他精兵简政，逐步加大区域分公司的权力，而项目公司的权力则一再削弱。各地一级分公司有人事、财务等权力，二级项目公司的权力则被缩小到销售和工程上。

“理想的企业架构应该是三级管理模式，尤其是房地产企业，最好是二级模式。”扁平化管理才是房地产企业的当然之选。

第四节　合生创展集团

集团简介

合生创展集团有限公司(合生创展)1992年进军房地产业,1998年在香港联交所主板上市(代码:754),是致力发展住宅地产、商业地产、酒店地产、旅游度假产业和物业管理产业等泛地产事业的大型综合性企业集团。

从1993年起,合生创展积极投身风起云涌的改革开放建设,开香港地产集团大规模投资中国内地房地产开发之先河。短短十数年间,合生创展集团凭借锐意进取的精神和兢兢业业的态度,实施区域中心和系列品牌发展战略,在广州、北京、天津、上海等中心大城市成功打造了30多个项目,成为中国内地业绩表现最佳、开发规模最大、业主数量最庞大的房地产发展商之一,业已奠定行业龙头地位。

合生创展保持国内房地产开发商的领导地位。最近由国务院发展研究中心企业所、清华大学房地产研究和中国指数研究院三家机构共同公布的排行榜中,根据整体能力,合生创展排名第三。

合生创展在过去三年中,按照销售额统计平均每年占据广州房地产约7.22%市场份额,保持广州龙头开发商的位置,占北京房地产1.18%的市场份额,占

全国房地产0.57%的市场份额。

集团专注于国内主要区域经济圈的一线发达大城市，在城市中心的优质地段，成片开发以住宅为主，兼顾商业设施的综合小区物业。

合生创展秉承“优质生活、完美体现”的企业理念，致力成为完美生活的缔造者。作为根源于香港的现代企业，合生创展汇集中港两地优势，将世界级居住经典引入中国，实现国人人居梦想，成就业主完美生活。消费者的需求，就是合生创展的追求。展望未来，合生创展集团将积极因应全球经济一体化和中国加快城市化大潮的机遇和挑战，全力投身运营中国城市未来，向国际化、专业化方面迈进，成就“合生”辉煌品牌。

第三章　亿万富翁的跨越与传奇

人物传奇

一个曾经做过三年乞丐的人、打铁、贩运、搞建筑、成为地产大亨、花上亿元让家乡父老家家住上大别墅、搞高档肉牛养殖、倾其所有卖车卖房投身土豆产业……梁希森的一生充满跨越与传奇，他的付出会让很多人的生活发生改变。他说“人没钱不行，钱太多也没有用，只有一个人富了，这不叫富，大家都富了才叫富”，他自己掏钱为村民建了数百套别墅，住好房改变环境就是改变人。“馅饼背后是否隐藏着陷阱，不管有多少人不理解这个事，我就想领着老百姓全过富了”。

第一节　人物解读

个人简介

梁希森，山东希森集团董事长，1955年3月出生于乐陵市杨家乡梁锥村。少年时代的梁希森，经历可谓是极其坎坷。因兄弟姐妹众多、农境贫寒，经常食不果腹。三年自然灾害时期，弟弟饿死在他怀里，10岁的梁希森离开家乡，四处讨饭，才得以活命。受人接济的老梁曾立下宏愿：等我有钱了，一家发一锅白馒头。“有饭大家吃”的思维方式，一直延续至今。他13岁打铁，17岁离家谋生，23岁闯关东。当过包工头，1999年入主北京玫瑰园，自此在地产界一炮走红。梁希森，一个山东农民，据说只会写自己名字的人，却拥有北京最好最贵的别墅群“玫瑰园”。

人物履历

梁希森幼年曾一度以讨饭为生，早年做过铁匠，并在面粉厂、装修队做过工人。1992年，他组建希森集团。1999年，梁希森以最大债权人的身份，用3.98亿元拍得了陷入困境的北京最大别墅工程玫瑰园——拖垮邓智仁利达行的项目。传说他目不识丁，却通过自身的努力，成功积累并运作着好几亿元的资产。

梁希森童年只上过一年小学，从小受够了最刻骨铭心的磨难：曾经食不果腹，衣不蔽体；曾经浪迹四乡，谋求生路；梁希森有一个梦想：造起楼房，让所有家乡村民住进去。拆了老房子，节约出宅基地面积，用于养殖业，再把农民变成工人，都在这个养殖工厂上班，从而通过自身的努力改变着村民的生活。

出身影响梁希森——早年讨饭，坎坷的经历，让他怀有一颗拯救乡民的心。

第二节　从乞丐到亿万富翁的神秘之旅

神秘事迹

地产界是一个江湖，也是一个英雄不问出处的地方，多少成名人物光耀的背后却是不堪回首的前尘往事，一日功成，艰辛的往事反而成了让人称道的奋斗历程。起家于草根的地产界大鳄虽然许多也并无

显赫的学历，但像梁希森这样的——只上过一年小学，认字不到200个的恐怕也绝无仅有。

与众多地产大鳄充满谜一般的发家史不同，梁希森的发家史显得相对简单得多，更像是无心插柳却绿柳成阴。在“2005年胡润富豪榜”中，梁希森以20亿元的身价排名第66位，今日之成就恐怕是其往昔一度讨饭之时无论如何也想不到的，而梁希森功成名就后的“乡村乌托邦”试验却更是外人无法想象的。

希森模式

秸秆养牛——牛粪和屠宰废水制沼气——沼气发电——沼基养蚯蚓——蚯蚓做保健品——蚯蚓粪做农作物肥料——农作物秸秆再养牛，整个生物循环链条环环相扣，逐级利用，效益剧增，且完全实现了零排放。将大批的废水、废气、废料变废为宝，实现了环境效益与经济效益的“双丰收”。

从讨饭娃到亿万富豪

山东希森集团董事长，身价20亿元，“2005年胡润富豪榜” 排名第66位；绰号“菜园子”，做过铁匠讨过饭——这似乎是风马牛不相及的两个人，但却同时以一个人的面目出现，此人就是梁希森。

梁希森1955年出生在梁锥村，早年家境贫寒，青少年时代经历坎坷。10岁那年，不堪忍受饥饿折磨的梁希森离家到河北省讨饭。13岁开始，梁希森跟着别人干了4年打铁的生计。17岁，他在河北沧州的一个锻造工厂当上了锻工，后来还被提拔为车间主任。1976年，21岁的梁希森孑然一身闯荡东北。

关于梁希森认识多少字的问题，地产界风传有几个不同的版本。其一，梁希森童年只上过一年小学，为住旅馆填一张登记卡，他要求人帮忙；办完事后需要签字，他竟不会写自己的名字。其二，梁希森小学一年级学历，认识字不到200个，不会读报纸，只会写自己的名字。不过可以肯定的是，1955年生于山东省乐陵县（今乐陵市）黄夹镇梁锥村的梁希森的确认字不多。在一次接受采访时，梁希森透露，自己不仅会写自己的名字，而且还写得相当不错。除名字之外，还能认二三百个字。至于读书看报，梁希森

则表示没有时间，要是遇到一些比较重要的信件或传真，梁则交由司机和秘书念给他听。而更为关键、秘密的文字则让老婆看。

“我不能和人比认字的成功，高中生、大学生、博士生是上学，我这也是上学——社会大学我感觉更厉害。但这个厉害和他们不一样，比如高科技的东西我做不了。”梁希森表示。

一个时代有一个时代的英雄，在那个凭胆量起家的时代就造就了一个几乎是文盲的企业英雄。从1980年代开始，梁希森在家乡乐陵先后创办了面粉厂、毛巾厂、钢构公司等企业，后来又进入了建筑和房地产领域。1995年，梁希森以自己的名字注册了乐陵市希森集团公司，注册资本2.7亿元。1996年，梁希森带着自己的施工队来到北京，参与了玫瑰园的建设，这是梁希森人生的一次转折，也奠定了今日的富豪身份。

2004年，49岁的梁希森被《新财富》评为当年第376名富豪，资产总额2.7亿。

从讨饭娃到亿万富豪，20年间梁希森的命运完成了时空转换的跨度，在感慨人生无常，不胜唏嘘的同时，梁希森发家的过程更像是命运开的一次玩笑。

生死转折玫瑰园

梁希森的命运是和北京玫瑰园别墅联系在一起的，在玫瑰园可能毁了梁希森的同时，却给他了一次人生的转机，梁希森开始成为地产界的传奇人物。1996年，梁希森已是身家过亿，希森集团的年产值近4亿元人民币，并于当年荣登山东省十强民营企业行列。

此时，梁希森面临着影响日后的一次重大抉择——企业要向哪个方向发展。最终，梁希森决定介入房地产行业，并决定到最具潜力的北京发展，选择一家最具影响力的房地产项目，从房地产最基础的建筑装饰入手，摸清底数后再伺机转入房地产开发业。而此时，号称国内最大的利达玫瑰园因资金短缺，已陷于停工状态，接手这样的工程简直无异于自投罗网，其结果必定是血本无归。但在梁希森看来，以玫瑰园知名度之高、影响力之大，在北京乃至全国都无有能出其右者，接手这样的项目，对于自己这样刚刚涉足房地产业的外地企业来说，机会实在难得，梁希森决定介入。

但认字不多的梁希森却绝对有做商人的天分，对风险控制相当熟稔。梁希森在与利达玫瑰园签订的垫资施工协议中明确规定：工程竣工验收合格后，以乙方“希森集团”的名义办理并保存产权证，待甲方在合同规定期限内付清全部工程款后，再将产权移交。

1996年2月起，梁希森先是垫资7000万元，分包玫瑰园40套别墅的建筑装饰工程和部分基础设施建设，并于当年7月完工，然

房地产发展历程

自1999年中国房地产市场进入快车道，与房地产相关的产业也进入快速发展期，最典型的一个现象就是“展会经济”的蓬勃发展。全国各地，各类层出不穷的“房展会”、“住交会”风起云涌；有些大中城市，房展会从最初的一年一度发展到春秋两季，再发展到四季联展；郑州的房展会最热时，一年期间，大大小小开了七八次。

而，这时候的玫瑰园已根本无力支付工程款了。玫瑰园面临着两种命运：一是有雄厚资金注入，起死回生；二是彻底瘫痪，直到破产。

对于梁希森来说，最不希望发生的事情还是发生了。虽然预计到了风险，但却没想到风险来得是如此之快，又是如此之大。刚过不惑之年的梁希森却做出了一个也许是他一生中最重大的抉择：继续加大对玫瑰园的投资，直至其资不抵债，然后首先申请财产保全，继而申请玫瑰园破产，在条件允许的情况下，参与竞买，直接由建筑商转变为开发商。

至1996年底，梁希森在玫瑰园共投入2.3亿元，完成了186栋别墅的建设和内外装修工程，并按协议取得了186栋别墅的房产证，成为了利达玫瑰园最大的债权人。

1997年8月，梁希森联同另一债权人向北京一中院提出玫瑰园破产申请，同时申请了财产保全。随后，法院下达受理破产案通知书，玫瑰园进入破产程序；1998年7月21日，北京一中院下达玫瑰园破产民事裁定书，宣告玫瑰园破产，并进入清查债务阶段。1999年7月16日，在玫瑰园的拍卖会上梁希森以3.98亿元竞买成功，梁希森的险棋走成了活棋。

此时，梁希森的机会来了。就在梁希森拍下了这个北京市最大的烂摊子别墅群不久之后，北京市宣布不再审批别墅，玫瑰园成为北京最后的别墅群，加之2000年后房地产市场的回暖，砸到梁希森手里的烂尾盘一下子奇货可居，玫瑰园再次生机盎然，梁希森由此狠狠地赚了一笔。梁希森一战成名，名字开始为地产界所熟知。然而，与梁希森现在做的事情相比，当时的疯狂可能只是出自一个商人的本能，而相对于他正在山东老家实践的“农村乌托邦”之梦——疯狂之举只能是小巫见大巫。

“农村乌托邦”之梦

如同融创集团董事长孙宏斌，口无文采、表达甚至没有逻辑性的背后却是独到的眼光和过人的思维。梁希森也会给见过其面的人留下两个非常深刻的印象：一是表达能力很弱，二是思维能力很强。

这位富豪掌握的词汇不多，言谈中有大量俚语和省略，逻辑用语很少出现。但在思维方面，他则很擅长抓住事情的重点，思考问题的方式总是很简洁。梁希森在北京玫瑰园大赚一笔之后，梁的脑子里有个更大胆、更疯狂的想法——投资10亿元，把家乡乐陵市黄夹镇所有农民改造成工人。

梁希森先从自己所住的村子着手，2001年，梁希森在梁锥村附近辟出100亩地，投资4200万，盖起了多幢二层别墅和四层小楼，梁锥村的村民以新村二层小楼的居住面积280平方米减去自己家中房子的面积，剩下的每平方米面积乘以100元，由村民付给希森集团；如果村民家中房子大，则由希森集团按照同样的方式，付给该村民。费用结清之后，希森集团只收到了不到30万的资金，不到总投资的1%。同时，村民也纷纷到希森集团的鲁西牛业公司中上班，每月拿到700元左右的薪水，并享受过节福利和养老保险等。

此后，梁希森开始向第二个村子许家村推进。在谈起他改造梁锥村乃至黄夹镇的设想的时候，梁希森说了一句很朴素的话：“我不赢利我不干。”目前，鲁西牛业公司已经开始赢利，每个月的利润达到200万元。

而按照梁希森的思路，

只有这两个村子是远远不够的，他要把整个黄夹镇100多个村子全部按照梁锥村的模式进行改造，这是一个乡村的“乌托邦”梦想。梁希森表示，“凭自己的能力，能改变一个村就改变一个村，能改变一个乡就改变一个乡，能改变一个县就改变一个县”。

每一个人都有梦想，梦想不一定都会实现。在旁人看来是不可能实现的“乌托邦”梦想，梁希森却把它付之于行动，虽然不排除商人的本质，但这份勇气仍值得钦佩。

第三节　八年奋战终见“薯”光

投资脱毒马铃薯的艰辛历程

2005年“胡润富豪榜”，梁希森名列66位，身价20亿，然而这个传奇式的农民地产大亨却在地产行业最赚钱的时候瞄上了一个投钱多，见效慢，周期长的农业项目——脱毒马铃薯！

马铃薯是一个市场巨大，潜力巨大，利国利民的产业，但是想做马铃薯却是难上加难。梁希森遇到的第一个难关就是缺乏人才，一次偶然，老梁知道了马铃薯产业是个潜力巨大的产业决心做脱毒马铃薯种子产业，可当时没有经验的他找了三个同样没有经验的大学生就在一间废旧的车间里自己动手进行马铃薯脱毒实验，花了两年时间，投了600多万，可这脱毒苗是一拨接着一拨的死，越死越少，最后一株都没成功。

> **脱毒马铃薯**
>
> 指马铃薯种薯经过一系列技术措施清除薯块体内的病毒后，获得的无病毒或极少有病毒侵染的种薯，它具有早熟、产量高、品质好等优点。马铃薯的产量和质量与种薯密切相关。病毒一旦侵入马铃薯植株和块茎，就会引起马铃薯严重退化，并产生各种病症，导致马铃薯产量大幅下降。因此，要经过一系列物理、化学、生物等技术清除薯块体内病毒的种薯。

老梁开始也想过算了，还是搞房地产吧，可是心底那股不服输的心气让他最后决定继续干下去。这次他找到了中国农业大学

的校长柯柄生，柯校长给他推荐了马铃薯育种专家孙慧生教授。为了让孙教授来自己公司，梁希森买断了中联鸿业公司。有了孙教授的帮助，技术上有了保证，这脱毒马铃薯苗很快就研制成功了，可就在他准备大规模的建脱毒马铃薯育种基地的时候却遇到了最大的难题。

曾经在房地产上给他贷款的四家银行，听说他不干房地产要干农业，纷纷收回了贷款。让梁希森措手不及，手上一下子没了钱，可这脱毒育苗不能脱节，梁希森卖了9辆车，卖了房子、关了四家公司，不得以拖欠工人一年半的工资，玫瑰园的房子卖一套就被他拿去一套的钱投进马铃薯基地里建车间，建大棚，买拖拉机，买收割机……那时候过年都是找朋友借钱过的年，一个身价20亿的富翁到了跟人借钱的地步，八年的时间，他投到马铃薯产业里的钱达到21.8亿，而八年时间一分的回报都没有，直到今年第一次见了回头钱。因为马铃薯培育新品种是七年的时间，梁希森的马铃薯集团至今已经培育出了900多种脱毒马铃薯。

看到曙光

2008年6月28日，由国家科技部批准建立全国唯一的国家马铃薯工程技术研究中心，在山东乐陵希森中联马铃薯产业集团挂牌成立。如今在山东乐陵希森马铃薯产业集团，有3万平方米的现代化脱毒苗组培中心，20万平方米的现代化微型薯繁育大棚，拥有了全国最先进的茎尖脱毒实验室、病毒检测室、全国最大的种质资源库，年可扩繁脱毒苗9 000万株，繁育微型薯2.5亿粒。北京希森三和马铃薯有限公司是集团在北京延庆设立的又一原原种基地，总占地面积400亩，年扩繁脱毒苗5 000万株，微型薯1.5亿粒。内蒙古希森马铃薯种业有限公司位于内蒙古乌兰察布市，希森集团投入22个亿建成100万亩的种薯生产基地，总经营喷灌圈达300个，每年轮作种植60万亩种薯，年可提供优质种薯130万吨，形成了以商都为依托的核心种薯种植区，每年实现产值30亿元，带动了16万农民脱贫致富。

马铃薯功能

马铃薯不仅能抗衰老、减肥、美颜、防脱发、还因其含有丰富的维生素使人心情愉快，对调解消化不良有特效。马铃薯以其对人体多种的有益作用，无愧为营养价值之王的称号。继2008年被联合国定为国际马铃薯年之后，国家出台新政，把马铃薯列为中国第五大粮食作物。

商都县七台镇杨家地村农民崔英以前种的是自己家留的土豆，一亩地只能产1000斤，种了希森集团的脱毒马铃薯后一亩地产量翻了一番。他准备明年扩种到10亩。

商都县县委书记王国相说希森集团的种薯基地不仅改变了当地传统的刀耕火种的种植方式、带动了当地农民增产增收，而且希森集团在不久的将来，将在种薯生产基地的基础上上两条12 500吨的种薯生产线，这个项目上去以后，每年可以为商都县增加财政税收3 000万元。

发展马铃薯产业对于贫困地区脱贫致富，对于节约国家耕地也同样有着深远的意义。孙慧生教授说："马铃薯在西欧国家作为第二块面包。我们国家耕地年年在减少，人口也在不断地增加，我们粮食确实存在着安全的隐患。在南方的耕种，利用水稻的冬闲田种植马铃薯。在中原地区，马铃薯还可以作为"兼作套种"不影响粮食和棉花的产量，还能多收一点马铃薯，这样就节约了耕地。马铃薯，它有抗旱性，越贫瘠的地方越适合种植。像甘肃、青海这些干旱地区，马铃薯正作为主要的作物。所以温总理说，把这个小土豆要做成大产业。因为我们国家现在马铃薯的面积是最大的，总产也是最高的，如何把马铃薯做成大产业，这对保证粮食安全，对贫困地区农民的致富，有很大的作用。"

随着我国脱毒种薯的不断推广与普及，一场马铃薯式的革命即将到来，希森集团承诺在未来提供给全国冬作区和二作区一半的种薯供应量，这样在脱毒种薯普及率增加50%的基础上，每亩就能增产1500公斤，每年马铃薯将增产6000多万吨，农民增收480多亿，不仅能从根本上缓解粮食安全压力，也能为农民带来丰厚经济收入，利国利民！

一个地产大亨，偶然发现小土豆是个大产业，一不小心钻到了土豆堆里，承担起一份原本不应该由他个人承担的一份大的责任，八年抗战，终见“薯”光。

第四节　令人尊敬的大农民

自力更生

梁席森从10岁离家四处讨饭，他只上过一年小学，用他自己的话来说，他的知识全部来自社会，来自社会这所大学。而他将在社会学到的知识以财富的形式回报了社会。到1999年，梁希森出人意料地通过拍卖以3.98亿元入主烂尾楼玫瑰园。通过这个“大翻盘项目”，梁希森成为亿万富翁，实现了穷小子的黄金梦。他从社会的磨难中积累起的点点滴滴在此刻实现放大。坚忍不拔的性格也许在这位亿万富翁的身上不会显得特别，因为这对他已经是常态。梁希森的确可谓当今大学生和众多的创业者的楷模，因“毕业即失业”而萎靡不振的大学生，遇到挫折就放弃的“创业者”，难道起点会不如梁

希森？他们要抱怨教育的缺陷，还要抱怨社会中重重困难，但这些与当年梁希森创业之时的艰难，也许根本不足为惧。而关键是在于自己把自己困于发展的路上，思想与勇气被自己遗弃。

高贵品格

“穷则独善其身，富则兼济天下”，梁希森这一品格弥足珍贵。尽管梁希森未受过正规教育，但是他的人生却是充满大智慧。富裕的他为村民修建别墅，在家乡投资种植业、养牛业，依托本地资源发展循环经济，梁希森来不仅授村民于鱼，还授之以渔，他的人生价值提升到一个新的高度。成功者也许不应该满足于自身事业的成功，兼济天下才更有意义和价值。社会发展速度不断加快，贫富差距也又不断扩大之势，此时先富带动后富不应只停留在口号上，成功者更要有“济世”情怀，以社会大局的发展为己任，带领更多的人奔小康，才能更好地体现出社会的优越性。随着黄三角战略的推进，相信以梁希森为代表的成功创业者，将会在更广的范围内发出自己的光和热，影响一批人，带动一批人，致富更多的人，“独乐乐不如众乐乐，单歌歌焉胜齐歌歌”。

这就是梁希森，一个有着传奇经历，令人尊敬的大农民！

第四章 “弃业”游学成就逐梦人生

人物传奇

他曾被医生诊断可能下半辈子将在轮椅上度过，但此后四年成功登上11座高峰；他从乡村走来，20年时光打造中国最成功的地产企业万科集团。他曾说：“这就是我选择的人生态度：向上，生命在高处。”他既是地产界知名企业家，也是狂热的探险运动达人，同时还是作家。相信在众多创业大亨里面，他的身份是最多的。他的人生就是一部充满热血的奋斗史。他不是别人，正是集“多家”身份于一身的地产超人——王石！

第一节 人物解读

个人简介

王石原籍安徽金寨，1951年1月出生于广西壮族自治区柳州市，兰州交通大学给排水专业毕业。1988年深圳现代科技仪器展销发行股票，更名为“深圳万科企业股份有限公司”，1991年公司在深圳证券交易所正式挂牌上市交易，王石历任公司董事长兼总经理，1999年2月辞去总经理职务，任万科公司董事长。2011年3月，万科公司确认王石已赴美游学。

主要著作

《道路与梦想：我与万科20年》、《让灵魂跟上脚步》、《徘徊的灵魂》、《灵魂的台阶》、《王石说：影响我人生的进与退》等。

家庭背景

王石，父亲是安徽金寨人，从部队转业后在郑州铁路局工作。其母是锡伯族，姓石，是辽宁省义县人，祖上曾是清朝的高官，但到她父亲这辈家产已被挥霍殆尽。其母亲1945年参军，与其父相识。

王石的家庭背景既普通也不普通，王石父亲（兄弟5个，有3个加入红军）参加红四方面军了，到解放初期父母都是有一定级别的干部。王石共有兄弟姐妹8人，他是头一个男孩。

第二节　从"饲料大王"到地产界大亨

精明的饲料大王

来深圳之前的那段日子，是王石口中"被动选择"的人生阶段。

王石虽然出生于南方城市，但他的性格看来更像西北人：率真、坦诚、坚韧。这缘于其早期的经历：在"文革"中当过兵，在新疆做了5年汽车兵，走了18万公里的路，转业后在兰州做了1年的工人。此后，由于其父在柳州铁路局当局长，王石得以进入兰州铁道工程学院当了工农兵大学生，1974年进入兰州铁路学院给排水专业。1977年毕业后，分配到广州铁路局做技术员，1980年，参加招聘进入广东省外经委做招商工作。

王石管理原则

作为管理者来讲，我把握三个原则。第一，决策，就是事做不做，这是王石来决定的，否则当董事长，总经理就失职。第二个，要做谁去做，就是用人的问题。第三个，他一旦做错了，你承担责任，无论他是什么原因做错了，你承担责任。

虽然在国家机关上班，但王石的行事在当时却显得有些另类：他喜欢穿牛仔裤，骑一辆破自行车。招摇于领导与同事异样的眼光中，王石最终选择了出走。“就个人而言，从广州的省政府机关到深圳下海，不图名也不图利，就是为了展示自己的才华。”王石坦率表露心声。

王石名言

1. 万科把自己放在高峰，这样才能有做大事的胸怀。同时也要把自己放在低谷，这样才能吸收别人的长处。

2. 登山对我来说是一种生活方式。谈判时我往那儿一坐就有优越感，我在山上一待就能待一个月，你能吗？无论从意志上还是体力上你都磨不过我。

特区发展公司是深圳最有影响力的公司，拥有审批进出口的权力，几乎等同于政府要害部门，可谓权力盖天。

然而，大名鼎鼎的特发却安家在一座农民搭建的三层小楼里，四周是一片尘土飞扬的工地。那时候，这样一座小楼是这片曾经荒凉的渔村上，为数不多的成型建筑。王石在特发公司的职位是贸易部业务员。从此，他真正地褪尽浮华，从最底层做起。

业务员是个很宽泛的概念，如果提起这个词，出现在很多人脑海里的形象一定是：西装革履，头发用发胶打理得一丝不乱，油光可鉴，每天夹着包奔波在风吹日晒中。事实上就是这样，王石彻底结束了机关干部的养尊处优的生活，开始了操心忙碌的业务员日子。

经济情报研究的工作虽然没有让王石大展才华，却使其后来在对万科的若干重大决策中受益无穷。一位曾经跟了王石数年的知情人士评论：王石做事心态平和，不讲究理论的东西，在做重大决策前，王往往是通过常识、规律来发现内在的逻辑链。或许因为如此，王石的一系列预测常常出乎意料地准确，第一单生意便证明了王石的精明。

初到深圳的王石首先必须面对的一个问题就是住宿。公司不负责住宿，王石必须自己找住的地方，他将自己在深圳的第一个落脚点设在了一家招待所内。这其实是一家工厂的宿舍楼，另辟了几层楼来做招待所。招待所的一楼是一家香港小老板投资经营的半导体收音机装配作坊——这是典型的具有深圳特色的居住环境。

灰暗的墙壁，狭小的楼梯，拥挤的过道上堆满了各种各样的破烂物什，房间里一张床一张课桌，这就是王石在深圳的第一处住所。对于在广州住惯了宽敞的机关家属楼的王石来说，如此恶劣的住宿条件是他所没料到的，不过他还是放下行李，很快地安顿下来。

从此，王石开始了白天东奔西走，夜晚读书充电的忙碌生活。对于王石来说，这段艰辛的经历，是他在和深圳这个城市亲密接触之初，一个试探和摸索的过程。或者也可以说，这是他在掀起创业大浪前一个短暂的停顿，在观察中学习经验，在探索中寻找机会。韬光养晦，蓄势待发，不甘居于人下的王石，不久就寻找到了机会，开始了轰轰烈烈的创业生涯“演练”期。

“当时的深圳简直就像一个大工地，到处开发，尘土飞扬。”正因热火朝天的特区建设而焕发出无限活力。王石如此描述其1983年来深圳创业时的景象，准备大展拳脚的王石自己都想不到，他的第一桶金竟然是倒玉

米得来的。

经过几个月的走访调查，王石发现当时最流行的两种东西很赚钱，其一是日本味精，其二是台湾折叠伞，商人们趋之若鹜，但王石断定为这两种产品火爆的日子已经不长。经过冷静的思考后，王石决定不盲目跟风。那做什么呢？王石陷入了苦苦的思索中，然而机遇就在不经意间降临到他头上。王石发现，当时深圳两大饲料厂年产20万吨以上的饲料，其原料主要是玉米，其中很大一部分是从北方的大连、天津、青岛出口后经香港转内销。

王石名言

"站在整个人生的角度，管理企业与登山不无关系，同样需要坚韧的意志和不懈的精神，而登山，更如人生一样，虽时常不能预知结果，但只要坚持，终会成功。登山是人生的浓缩，之前，因为成功而有机会登山，而我仍需要继续攀登一座峰，就是每个人心中的那座峰。

通过市场调查，王认为国内玉米不能直销深圳而转道香港，是因为运输瓶颈的问题。王当即找到广东省海运局，了解能否组织货船从大连往深圳运玉米。当时广东省海运局正在研究开辟北方航线，苦于没有货源。而大连却发愁香港货物运输能力不足，玉米都堆在农民家中。王石的机会来了。于是，王石做起了饲料中介商，如同盲人摸象，为了打听清楚货运的流程，王石又马不停蹄地奔波。功夫不负有心人。经过一番辛苦奔波，王石的玉米生意竟然做成了。

第一单的生意是将30吨玉米卖给深圳养鸡公司，每吨人民币1300元，一共39 000块。王石边骑着自行车，边在心里喜滋滋地盘算着。这是来深圳自己独立做的第一单生意，数目不大，可却是自己的辛苦所得，这足以让王石兴奋起来。

然而，正在王石放开手脚大展宏图，并且连续做成了好几笔生意之后，一场突如其来的灾祸差点儿将他卷入破产的边缘。

饲料生意遭受重创

那是1983年8月，对王石来说是颇具戏剧性的一个月份。那天，一家香港媒体新闻报道：鸡饲料中发现致癌物质！

一夜之间，往日鼎沸的活禽市场变得死寂般的冷清。健康第一，风传中的毒饲料，让往日钟爱鸡肉的人们在美味面前望而却步。人们纷纷以鸽肉代替鸡肉。受此影响，珠三角出口香港的肉鸡也在瞬间失去了市场，饲养主不再购买饲料养鸡，饲料厂也暂时停产。王石饲料组的畅销玉米一下子成了滞销货。

近千吨的积压货在车站囤积起来，造成了车站粮食、煤炭的卸载困难。王石很快就收到了交通指挥部寄来的通知单，要求他们必须在3日之内清理货物，否则将处以没收货物及罚款的惩罚。眼看着囤积的玉米堆积成山，时间一点点过去，有的玉米因为浸了水，已经开始发霉变质，王石心急如焚。

就在这紧急关头王石的想到的是拍卖。结果是可想而知的，既然是清仓处理，买方当然是狠狠杀价，要价每吨1.8万元的玉米，最终以每吨400元成交。用王石的话说：每次降价，我的心都在滴血！就这样，王石的积极挽救措施让他在24小时内将囤积的玉米全部处理掉，没有受到交通指挥部的罚款处理。但是这次赔本大甩卖，却让王石赔了110万元，不但把白手起家赚的40元万搭进去，还负债70万元。

这是王石到深圳创业以来，遭受的第一次重创。本来顺风顺水的事业一夜之间血本无归，还背上一身的债务，任谁都不能坦然面对。有很多人一次破产就从此一蹶不振。然而，梦想当个航海家的王石却天生有冒险家的精神，仅仅几天之后他就做出

王石精神

敢干敢拼，百折不挠。王石用自己的实际行动进行了完美演绎，在面临破产风险的情况下，逆市收购玉米，这个赌是建立在对市场形势的有效预测的基础之上的，并不是盲目的押宝。这种品质，是一个创业者可遇不可求的，有天分也有后期的经验积累。但，不怕挫折的品质，相信是人都能培养，想创业，这一点必须过关！

了一个让所有人都瞠目结舌的决定!在这个时候,大量购进玉米,待传闻过去后大赚一笔!这无疑是个出乎所有人意料的决定。然而,王石这样做并不是一时豪赌,而是深思熟虑后的结果。

"我不相信香港人从此不再吃鸡。"对于突如其来的危机,彷徨反倒退居其次,相反此时王石的内心反倒异乎寻常的笃定。这个答案是肯定的!就在7000吨船差两天就要停靠蛇口赤湾码头的时候,香港报纸刊登了一条消息:之前的报道有误,饲料中不存在致癌物质。

1983年4月到12月短短8个月,王石不仅补回赔掉的钱,还赚了300多万元,"这就是我下海挖的第一桶金,干干净净。"王石提起此事颇为自豪。

其实初到深圳的生活是艰苦的。身体劳累是一方面,还有就是饮食上,粗茶淡饭,忙时甚至顾不上吃饭。那段时间,王石的午餐经常就是一包方便面。

创建万科集团

1984年,"现代科教仪器展销中心"组建,王石任总经理,这个最初以贸易来实现原始积累的企业,就是万科的前身。当年是深圳最大的进口销售商。王石后来遇到刘永好时笑称:"如果当时我不转行,'饲料大王'的名分怕就是我的啦!"

四年之后,深圳万科股份有限公司成立,并公开向社会发行2 800万股股票,并正式涉足地产业。1991年1月29日,万科在深交所挂牌交易,成为大陆首批公开上市企业。1991年至1995年,万科全面扩张。1992年前后

王石精神

敢于突破常规。王石放弃玉米生意转战房地产,反其道而行,天价拿地,这就是打破常规,开创了一条高来高走的经营线路。如果当时他放弃,也就放弃了一个企业转型的机会!这告诉创业者,在面临一些关键决策时,只有敢于突破,才能实现质的飞跃!

大约半年时间,王石跑遍了大半个中国,一是推广股份制,二是找地。万科前后共参股30多家企业,总投资1.3亿,涉及10多个行业,不过万科做到了全面赢利。

“在万科,王石好像干什么事情都要比别的企业领先一步——搞股份制改造、上市、多元化、否定多元化,以及把总经理的位置交给别人,自己去爬山。”王石的好朋友、中国地产界的思想家冯仑这样评论他。

王石似乎天生就具备商人的敏锐嗅觉。这让他总能抢于人先把握住大势,让万科在风云变幻中进退自如。

1988年,借着鼓励大型国企进行股份制改造的东风,王石勇于第一个吃螃蟹,在当年完成了万科的股份制改造。1991年,万科在深圳证券交易所挂牌上市,成为中国内地首批公开上市的企业之一。

由多元化转向专一发展

在万科“除了军火、黄赌毒不做,其他行业都做”的多元化经营正做得如火如荼的时候,王石戛然止步,率先调整方向,摒弃多元化,专攻房地产,其后又专攻住宅,确立专业化的方向;并将迅速拓展的全国战线收缩,深耕深圳,待时机成熟,才又走出深圳,在全国各个重点区域布下棋子。

由于摊子铺得太大,万科业绩开始徘徊。随后王石做出了决定万科命运的决策:收缩战线,专注住宅地产。1995年年末,万科开始将业务缩小到京、津、沪、深四个城市的住宅地产业务。2000年初,万科增资配股募集资金6.25亿元。同年8月,中国华润总公司成为万科的第一大股东,华润的入主及其支持为万科的长远发展提供了新的空间。次年,万科万佳百货72%的股份卖给了中国华润总公司,至此,万科完完全全成为专一的地产公

司，成为中国地产第一品牌。

借品牌扩张是王石又一次做出的重大决定。2003年是万科品牌扩张的第三年，业务拓展到全国15个城市，土地储备达到706万平方米，今年有24个项目同时开工。截止2003年6月30日，万科的总资产为94.73亿元，比王石创业之初的300多万增长了3 000倍。

多年以后，王石在各种公开场合多次作“工作总结”：“自己所做的，主要是为万科选择了一个行业，建立了一个团队，制定了一套制度，树起了一个品牌。其中，选择只做住宅非常的重要。”

王石对于专业化的坚持近乎执拗。专注做住宅产品，将这个专业发挥到极致，是万科成为中国最大的住宅建筑商的绝技，也是万科多年总结经验教训以后摸索出来的一条“低风险高收益”、适合中国房地产企业发展的道路。正是有“专业化”这一让万科人坚守的信条，万科才得以在规模化迅速扩张下，从地产门外汉变成“最专业”的住宅公司；从销售额几十亿元到2009年突破600亿元。

"脚步走得太快，灵魂跟不上了。"一路走在行业前头的王石，仍然带领着万科在纷繁复杂的市场环境中不断反思和调整步伐。一切归零、回到原点后，又将重新上路。

第三节　一个男人的传奇生涯

第一职业经理人

1998年，是万科的"职业经理年"；2000年，万科再续提出"职业精神年"。"主题年"，是王石从1995年开始，对万科提出的管理举措，每年定的主题，就是当年万科在经营管理中最需要解决的问题。

这个时期，创业阶段的产权、主业等基础性问题已经逐步解决和明晰，万科开始进入成长期。在王石眼中，强化职业经理阶层、有效运用训练有素的职业经理人队伍，将直接推动日益专业化的企业改善竞争力，适应竞争环境，实现持续增长。

也就是在1999年，王石作出一个惊人之举——辞去万科总经理的职务。这封辞呈引起外界的轩然大波，然而，对于王石却是水到渠成，因为他认为当时万科集团业务架构调整已经完成，而职业经理队伍也已成熟。"两职一身(董事长兼总经理的)是一种特定环境下的产物，万科正在驶上规范化的轨道，我继续兼任下去，不利于万科的健康发展。"

> **王石精神**
>
> 善于换位思考。王石向总理进行工作汇报时，将这一能力用得炉火纯青，最后成了总理的房产顾问。换位思考这一点对于创业者而言，主要靠平时积累，在于和顾客打交道的过程中总结得失，时间一长，自然而然就会能拥有换位思考的习惯。

很多人在担心"后王石"时代的万科。而王石致力的专业且规范的企业治理和团队培养，正是让万科摆脱王石的"权威"。事实证明，当王石将总经理的帅印交予郁亮后，当王石花了更多时间到处爬山、游历和写书之后，万科依旧保持了强劲高效的增长。

“其实我才是中国第一职业经理人，现在媒体上都说是唐骏，就是因为他赚钱多，我是不太服的。”在2009年中的一次公开演讲中，谈及十年前的这次辞职，王石公开表示。

创业却不当老板，王石是唯一的例外。在冯仑的眼中，这个“不当老板”的决定是王石作的最正确的一个决定。得以避免过多矛盾，而公司治理结构才会比较好。

“不当老板”的结果是，即便身为全中国最大的住宅供应商的董事长，王石“领工资”的身家，也让其从未登上过中国的富豪榜。在万科上市伊始，王石就放弃了他应得的个人股份。他将自己的财富观作了三点解读：一是中国社会“不患寡而患不均”，二是厌恶暴发户形象，三是家族没有掌管财富的DNA。

在名和利之间，王石选择了名。用资深商业评论家陆新之的话来说，王石“珍惜自己的名誉，爱护自己的羽毛”。

现实的理想主义者

王石与别的地产商不同，万科也与别的地产企业相异。万科核心竞争力为何？王石的答案很简单：“万科化=专业化+规范化+透明化。”“万科不行贿。”这是王石在诸多场合宣讲的名言。用具有理想主义色彩的“万科语言”来描述，就是万科致力于建设“阳光照亮的体制”，对内平等，对外开放，鼓励各种形式的沟通，提倡信息共享，反对黑箱操作。

这个职业底线源自王石自述的“行贿未遂”事件：初到深圳，为解决

王石精神

善于取舍，有所为有所不为。王石放弃个人应得的大部分股份、放弃房产的高额利润、放弃企业多元化，保持平常心、保持薄利、保持专注，这不是傻，这是大智若愚。从长远看，笑到最后的肯定是他。凡做大事者，务必要有这种战略眼光，不然，终将会迷失在无穷的欲望之中。

饲料的铁路运输指标问题，王石曾亲自拿着两条三五牌香烟找铁路货运部负责人，但这位负责人拒绝了王石的"贿赂"，而且帮助这位"想干一番事业"的年轻人解决了问题。自此，王石宣布了经营企业的底线：绝不行贿。

在万科最早进行股改之时，面对不规范的市场现实，大多数管理层都认为不能一味书呆子气地对规范化动真格。王石却坚决制定了"规范、透明、守法"的原则，一开始就按照一间上市企业的标准来设计股份改制，主动找到蛇口中华会计师事务所，要求对公司的财务进行历年审计。

用他的话来说，"将来市场规范了，万科就会因此处在一个制高点。"在王石眼中，一个规范运作的团队中，工作不会因为某一个成员的因素而受到严重影响；即使领导者缺席，一个团队仍然能够规范地处理自身事务并承担责任。

"水至清则无鱼。"北京某国有房地产企业市场部负责人对万科作出这样的评价。"避开灰色地带，万科在市场上也许丧失了一些机会。但在市场逐步规范化的趋势下，这种价值取向会成为主流，而那时的万科又已早早领先别人了。"

王石的理想主义都有自身的逻辑支撑。例如他明确的"万科超过25%的利润不做"，是因为他算过一笔账，此前怎么暴利赚的钱，之后还得怎么吐出来。

明星企业家

他是"经济发展最快的国家里，最大的行业——房地产的最成功机构的最高总裁"。著名经济学家张五常连用数个"最"，给王石下了"定义"。

而今，年届花甲的王石，已经不再囿于房地产这个坐标。读他的博客，

更多的内容是关于社会问题的拷问和对精神家园的追求。

有不少人说,2007年到2008年,王石连续被卷入了“拐点论”和“捐款门”的舆论旋涡中,一时间,民意汹涌,王石度过了一个不易的2008年,这之后的王石变得谨慎而安静,或者变得“滑头”了。

但这对于不安分的王石来说,或许仅仅是一个小小的波澜。王石多次说过,他是继承了母亲民族血液里的勇敢成分。他的母亲是锡伯族,一个在历史上骁勇善战的游牧民族。他的《道路与梦想》开篇第一节,标题五个字:“野性的精神”。

他稳稳地占据了新一代企业家最耀眼的中心。他被称为“中国最具传奇色彩的企业领袖”。他的传奇一直是正面的,他几乎没有经历过负面的考验。从而成为人们心中的一代明星。

第四节　人生不平凡的感悟

1995年，王石被诊断出“血管瘤”，医生称他可能瘫痪。但王石却走上了常人难以想象的挑战极限之路。1998年开始登山训练，2003年4月22日登顶珠峰。从2002年开始到2005年底，征服七大洲最高峰及南北两极，成为登山界“7+2”探险计划的世界第9人，而中国到目前为止仅有5人完成了这个计划。

踏实做事

2003年5月22日14点37分，王石成功登上珠峰，当时他52岁，成为中国登顶珠峰年龄最大的一位登山者。有一些职业登山家历时数年，攀登多次才终于登顶，但王石在他52岁的时候，一次就攀上顶峰。这在所有人眼里是一次“伟大的壮举”，而王石对同学们说，我要告诉你们的第一点是，任何事都要实事求是，一步一个脚印，成功不是偶然和侥幸。登珠峰前我已经有了4年登山的经验，登山队计划用3年时间登上顶峰。针对珠峰的第一次准备工作也进行了近一年，队里聘请了最好的登山向导，购置了最精良的保障设备，最后阶段才下定登顶珠峰的决心。“对于攀登雪山的登山者来说，行就行，不行就别硬撑，因为这是对生命的挑战”。偶然的成功只能是一时的，不能持续，做事业就是这样。

王石说：“1983年我到深圳时已经33岁，一切都是从头做起，搬运、推销，还兼司机、出纳……两个10年过去了，万科在中国地产业中占到了一定份额，企业成功还是在于‘一步一个脚印’的精神。20年后的今天，万科年产值63亿元人民币，但我并不认为自己是成功

登山的感悟

其实，登雪山令我的生活产生很大改变。登雪山随时伴着生命危险，这种状态下，每次能安全地回来，最令我怀恋的是那些艰险历程。看着深不可测的山谷，心里很害怕，我只有一个想法：赶紧下山！因为，登顶只完成了登山的一半，更危险的还没有来临。若天气不好，脚下都是云，不知能不能安全下山，更要赶快下山！

了，我还要一步步走向更高的目标。”王石告诉同学们，他第一次创业时是33岁，即使是同学们中的硕士研究生，毕业后还有7—8年的时间踏实工作打基础，“到那时再创业都还不晚”！

掌握生命节奏

商场如战场，人生又何尝不是一场战争，在这其中，你愿意自己是一只狼还是一只兔子？王石说：“我选择做一只兔子，一只随时受到威胁但欢蹦乱跳的兔子，一只不断奔跑向前的兔子。”

他感慨说道，同学们和他相比，已经足够幸运，大多数人能在自己喜欢的学校学习自己热爱的专业。但他表示，除了技术类专业外，大学就是来学会学习方法的地方。当过兵，做过工人，被推荐为工农兵大学生走进大学的王石遇到了自己压根不喜欢的专业，大学三年，他将主要精力用于潜心学习外语和政治经济学。1983年，偶然也是必然，他踏进改革开放的前沿深圳，大学时打下的基础帮他完成第一步的跨越。20年后，回顾过去，王石说，纵观80年代的一些风云人物，至今能继续傲立潮头的寥寥无几。耐得寂寞，把握人生节奏，有张有弛地做，成功就是在下次大潮来临之时你还在。

珠穆朗玛峰，曾经是一个王石要当作句号的地方，医生诊断他下半生有可能瘫痪，王石要在能走路的时候去珠峰。

没想到，珠峰成了一个开始，其后数年间他远离都市，远离人群，在登山中体验生命。

“生命在于运动，运动是我的一种生活方式，也不一定是最好的方式，但一个民族，一个国家，一定要有一点自我不满足，有一点创新精神！”

2010年5月22日，王石从珠穆朗玛峰的南坡再次登顶，以59岁的“高龄”又一次创造了中国登顶珠峰最年长者纪录，并成为历史上第二位从珠峰南北两坡成功登顶的中国人。

上山、下山，王石仍在挑战自我的路上，不断疾行。

第五章　全球最大的“包租公”

人物传奇

他从四川农村走出来，15岁参军，在革命军队中成长，35岁下海，在大连率先从事旧城改造，在东北率先进行股份制改革，在全国率先参与足球，也率先退出足球，在地产界率先开创“订单商业地产”模式，率先尝试房地产信托基金。仅用20年时间，就打造了一个集地产、服务、金融为一体的产业帝国。王健林被誉为一个传奇性人物，一次快人一步，容易，次次快人一步，却很难。他的胆识可见一斑。

第一节　人物解读

个人简介

王健林，1954年10月出生于四川省绵阳市，高级工程师。1970年入伍，1986年毕业于辽宁大学，同年7月进入大连市西岗区人民政府任办公室主任，1989年进入房地产行业，1992年8月任大连万达房地产集团公司总经理。1993年3月任大连万达集团股份有限公司董事长。24年来，万达集团及王健林个人对社会的各项慈善公益捐助现金累计超过28亿元，是中国慈善公益捐助最多的民营企业之一，六次荣获中华慈善奖。2010年11月8日，王健林个人向金陵大报恩寺重建工程捐赠10亿元人民币。据悉，这是迄今为止，中华慈善史上最大数额的单笔个人捐赠。

个人荣誉

王健林被国家人事部聘为中国西部地区经济开发顾问、云南省政府顾问、贵阳市人民政府规划建设顾问；

长春市荣誉市民；

大连市城市建设卓越贡献者；

被建设部授予全国房地产行业精神文明建设先进工作者称号；

多次被评为大连市特等劳动模范、优秀共产党员；

王健林还是中国住宅产业商业首届年会轮值主席，大连市反不正当竞争协会第一届副会长；

《财富》2012中国最具影响力的50位商界领袖排行榜，王健林排名第十六位；

2012胡润百富榜，58岁的王健林以财富650亿元排名第二位。

第二节　敢想才有机会　敢干才能成功

第一桶金

王健林出生在一个军人家庭，父亲是一名参加过长征和抗日的老红军。受家庭的影响，15岁的王健林就从四川来到东北，入伍参军，并且在28岁就成为一名正团职干部，期间还完成了辽宁大学的函授课程。

1987年，为了响应国家“百万裁军”的号召，王健林告别了自己17年的部队生活。转业后，王健林来到大连市西岗区区政府任办公室主任。

不过，没过一年，不太安分的王健林又主动请缨，自愿去担任濒临破产的西岗住宅开发公司经理。从此踏入了房地产这个圈子。

据王健林回忆，当时公司注册需要100万元，但是因为没钱，还被迫向一家国企借了一笔“高利贷”，才拿到了执照。“利息高达25%”。

王健林语录

以后人们评价我，觉得我是一个真正的社会企业家，我就很满足了。所谓社会企业家，就是将社会贡献当作自己的第一责任，而且努力去践行这些标准，这是我追求的。西方对企业家最高级的评价就是社会企业家。比如像比尔·盖茨、巴菲特，挣很多钱，但是挣钱的目的最后是捐给社会。

王健林的第一桶金来自当时同行前辈不敢或不屑于干的项目：旧城改造。不过，王健林也很无奈，那个时候开发项目需要有“指标”，万达拿不到，但旧城改造，政府却是非常支持。

当时大连市政府北面有个棚屋区，很不雅观，政府领导对来领“指标”的王健林说：“就是这里，想开多少给多少。”结果，回家一算，王健林发现，改造成本一平方米就要1200元，而当时大连最高房价也才1100元一平方米，怪不得没人愿意做。

怎么办？“那我们就多卖几百块钱呗。”初入地产圈的王健林决定放手一搏，没想到却大获成功。“我们就是做了几点小创新，把暗厅改成明厅，安上了铝合金窗、防盗门，还每家配个洗手间。”王健林称，一千多套住房两个月全部卖光，均价1580元，创了当时新纪录。

这些创新放在现在看似很简单，但在当时却需要极大的勇气。“那时候，政府规定，只有局级干部住房才能配洗手间，我因为这事儿还差点被纪委审查。”王健林十分庆幸自己生在了好时候，

王健林语录

说我脑袋坏了我觉得不一定,从辩证法的角度讲,谷底就是爬升到起点。在谷底的时候,最需要支持。我肯定不是救世主,我只是一个有责任感和热情没有完全泯灭的企业家。中国足球的滑坡是一个十多年的过程,想两三年就重新上去也不容易。我觉得足球能不能上去,我觉得不在现在这一批,而在于以后。

“好在那个年代,市场改革思潮风起云涌,当时广东提了个口号,‘遇到红门绕道走’。”他绕道成功。

从此一发不可收拾,哪里有旧城改造的项目,别人不愿意干,王健林他们就去干,公司规模迅速扩大。1992年最盛时,公司占大连市场份额的25%。

尤其是,1992年邓小平南方谈话,鼓励大家“胆子再大一点,步子再快一点”。王健林热血沸腾,开始跨区发展。

他的第一站选择了广州。“东西南北中,发财到广东,这是当时的一句名言。所以我们这一堆讲东北话的土老帽就去了广州。”虽然其中遇到了很多困难,受了一些委屈,但经过四五年的努力,王健林和他的万达最终还是在这里站稳了脚跟。

“赚钱还是其次,最重要的是我们创出了一条企业发展的路子,锻炼了胆量,获得了信心。”如今,万达的项目遍布全国80多个城市,是同行业中跨城市最多的公司。

百年企业

王健林如此界定两者的区别:“敢闯敢试是看准了去试不怕失败,蛮干是没有目的去干。”“看准了”,也就是把握大方向。

2000年,万达开始从住宅开发向商业地产转型。当时王健林已经意识到住宅开发的产业模式不好做,不是真正的扩大再生产的过程,“世界上没有一家做住宅的企业是百年企业,城市化发展到一定程度,它的需求必然会下降。”

不过,真正让王健林下决心要做“百年企业”,主要是两位老员工得癌症治疗的刺激。“都是创业时候进来的员工。打一针两块钱,打不打?那个时候没有社保,就是企业自己拿钱。我当时决定,不要吝惜钱,能活

一天就活一天，这两个人花了我一百万块钱。”但问题是，当公司发展三四十年的时候，员工医药费怎么办？王健林发现，一定要有长期稳定的发展模式。为此，万达开了三天会，最终决定转向商业地产。在王健林看来，万达转型不是抛弃自己所有的资源和经验，彻底转行，而是要将已有资源优势与稳定可持续发展的商业模式相结合，寻求永续发展。商业地产是最佳选择。经过十年发展，如今，万达已经成为中国商业地产的领军企业。总结经验，王健林将公司的成功归结于三句话：傍大款、产业链和标准化。

回忆如何傍上沃尔玛这个大款，王健林仍记忆犹新。“第一次上门跟人家说，一口就被拒绝了，慢慢谈，一次一次上门谈，整整花了一年时间。”王健林称，为了说服沃尔玛，他上门跑了几十趟，对方才同意“试一试”。于是，王健林便将自己的完美构想让沃尔玛实实在在体验了一把：选定了地段优先告诉沃尔玛，然后根据沃尔玛的需要协商设计方案，以最快的速度如期交付使用。

“实际上，沃尔玛也很希望能有这种模式，只是以前地产商们都没这么去干。”万达在一年之内让沃尔玛在全国6个城市试了六次，结果美国百

王健林语录

做商业地产,不是仅仅模仿、照搬照抄别人的项目和模式就可以了。上个月有一个人问我一个问题，让我用一句话概括万达成功的经验。我想了一下,要概括万达的成功，就是商业模式的不断探索与创新。

胜、新加坡百胜等10多家全球连锁企业也加入了"合约",万达"订单商业地产"模式正式形成。

如今形势发生了逆转。自从"一座万达广场,一个城市中心"的口号开始在全国叫响,万达第三代产品——商业综合体变成了品牌，地方政府引进万达也构成实在的政绩体现,议价权已经在向万达倾斜。对此,王健林也并不避讳。王健林称万达每年做二三十个项目,百分百来自政府"邀请"。

志在必得是王健林的一贯作风。他就是认准了方向一定会走下去的人,逢山开路,遇水搭桥。做了几个项目后,王健林又发现了一个新问题,当时做购物中心,一般都是请的国外设计中心做设计,不仅成本高,花费时间也很长。为了节约成本,长久发展,王健林决定建立自己的设计院、商业管理公司,"不能把自己的命拴在别人的腰带上。"

一个商业项目能不能成功,关键在于招商。如何抓住商户,王健林的看法一针见血,"让他们赚钱,他们自然会跟着你。"

万达的成功,引来无数的模仿者,王健林也十分乐于与人分享自己的经验,他甚至正在计划把万达经验整理成书公开出版。"别人老问我担不担心被人学走,要我说,如果读一本书就把你的核心竞争力学走了,那也就不是什么核心竞争力。"

再造万达

正当万达商业地产巨鳄形象深入人心的时候，王健林又有了惊人之举,进军文化产业和旅游产业。

说起万达的文化产业，人们最熟悉的还是万达电影院。万达电影院线,如今是亚洲银幕数排名第一的电影院线,开业五星级影城86家,726块

银幕，其中IMAX银幕47块，占有全国15%的票房份额。2011年票房收入超过17.8亿元，稳居中国第一的市场份额。

目前，万达电影院线与万达商业地产都在筹备单独上市，虽然电影院线业务起步较晚，但发展态势十分惊人，有分析人士认为，很可能万达的电影院线业务先于商业地产实现上市。

虽然这几年，万达的电影院线搞得红红火火，但其实2005年进军电影院，万达是被逼上的梁山。

王健林原本的想法是只做房东收房租，不想做经营，于是他找了北上广，双方签了战略合作协议，万达走到哪儿，它跟到哪儿。结果协议签了不到半年，万达六个电影院刚刚封顶，北上广领导换人，要解除合同。

按合同说，北上广违约，万达不必全额退款，但是王健林认为，“万达赚的不是这样的钱。”很快就与他们解除了合同。

后来王健林又找到了时代华纳，刚开始双方合作很顺利，但不到一年时间，问题再次出现。“中国加入WTO，按规定，外资企业不能进入电影院经营管理，股权投资不能超过49%。这个文件一出来，华纳也不能干了。”

时代华纳退出，万达十几家已经营业的电影院怎么办？接不接？这是个问题。当时的王健林是十分的恼火，在董事会上大叫，“管理电影院比两弹一星还难吗？两弹一星都能整，这有啥了不起的。”于是，才有了今天的万达院线管理公司。

能有今天的成绩，也出乎了王健林的预料，“没想到这帮人挺争气，成立当年就赢利了，后来还一不小心成了行业老大。”

如今，文化、旅游已成为王健林逢人必谈的话题。“这是大势所趋。要实现‘十二五’提出的2020年中国成为全球最大的消费品市场的目标，就

王健林谈足球

三年往后是否支持足球,主要看两点,第一青少年踢球的人是不是快速增加。第二看中超联赛的上座率,看群众对足球的热情是不是上来了。我根本不看足球的竞技水平,如果现在体育总局和足协的人还认为他们的主要工作是抓国家队,抓竞技足球,那就是大错特错了。"

要形成新的创新消费热点,要扩大文化、娱乐、健身、休闲消费。"

王健林非常看好这两个产业,已经开始全面布局,文化产业已经形成了中原文化区,大型舞台演绎,电影制作放映,连锁文化娱乐也就是量贩KTV,以及字画收藏五个业务板块。另外,还有长白山、西双版纳等四个旅游度假区项目开工营业。在王健林看来,未来这两个产业将是万达除商业地产之外的两个新支柱产业。

超级房东

房地产界一向有"南万科、北万达"之说,万科工于住宅,万达专注商业地产。其两位掌门人王石和王健林还被并称为"南北二王"。两人的经历也似乎有几分相似,同为军人出身,都透露着军人独有的刚毅和坚定。"北京长安街十几公里的路面上,坐北朝南的民营企业,只有万达一家。"王健林说。房地产业界都戏言,说万达是世界500强企业在中国最大的房东。虽然对于房地产市场发展的大趋势表示了乐观,但是面对相比去年同期大幅下降的销售额,王健林也坦承"万达的房子最近也不好卖。"但对于危机,王健林的态度有些"嚣张"。"我曾开玩笑地说,即使宏观调控从紧、从紧再从紧,那么,万达也会是最后一个死掉的房地产企业。"虽然这个判断很难得到印证,但是王健林的"嚣张"并非全无理由。"幸好,万达在2001年转型做商业地产,现在我们有接近20个大的商业中心和很多个5星

级酒店。所以,万达即使一平方米的房子都不卖,租金也足够付掉贷款利息和保我兄弟们吃喝,这也是很多年前,我毅然决定要转型做商业地产的重要原因。”

“我们在选择合作者(租户)时候严格要求,一定要是国内行业前两名或者世界500强的全球巨头公司,因为他们的抗击风险能力很强,一旦出现危机也不会严重欠租。”万达每年一二十亿的进账租金让王健林在谈论房价问题的时候,比其他房地产商多了份淡定。“如果房地产市场出现真正拐点和大幅下行的话,万达还有一个化解风险的对冲产品,还有另外一条活命的路。”王健林说。

已经是商业地产No.1的万达，正在把文化产业作为下一个发力点。“今年是民营企业可以进入文化产业的第四个年头，万达现在在全国有200多块银幕,去年占中国电影市场11%票房,预计今年可以到15%以上,三年目标是占领中国电影市场30%的份额。”王健林透露说,“除了电影院线,万达投资的第一部电影也将在今年推出。”

第三节　以人为本的万达集团

事业平台是员工的第一选择

其实，员工喜欢这个企业，愿意到这里来，不仅仅是看收入、看待遇，尤其那些有志发展，也有一定才智的员工，非常重要的一点是，他们更关注自己在这个企业里能不能增长才干、有没有更好的个人事业平台和良好的发展机会。

在万达可以这么说，你只要努力工作，很快就有晋升机会。现在我们企业的销售收入在增加，随着品牌的建立、良好融资平台的建立，能制约企业发展的就是人才了。公司千方百计地想怎样更好地吸引人才。要吸引人才，就要给员工事业空间，让他们不断有晋升的机会。

打造简单的人际关系

第一，不搞帮派，不搞亲疏。他自己在这个企业有接近八成的股份，但企业里没有他的一个亲属，他宁肯给亲属钱，让他们自己出去干，还不能干跟公司相关的业务，做到这一点实在很不容易，也是经过反复的斗争才使他们能够理解的。

第二，不搞公司政治。他曾经在公司炒掉了两个高管，他们都是从国有企业来的，老喜欢搞亲疏，老是几个人、十几个人成天弄在一起，一开会讨论提拔职务、晋升工资，就拼命为自己圈子的人说话。王健林是很反对这个的，公司要努力塑造一种大家完全平等的关系。

第三，公正用人。这说着容易，做起来非常难。

王健林语录

现在有50个项目在排队等着，我怎么可能去接受一个还要标的的项目呢?我现在心态很好，就像毛主席讲的，不计较一城一池的得失，就算有块地非常好、我也止想要，但是政府不承诺给我合适的价钱，我不去。反正万达现在有本事，在哪都能开，在哪开都能火。

要对得起跟随的团队

第一，提供超一流的高收入。集团有5个行业，每一个行业都对应它在全国的工资水平来形成竞争力优势。因此，万达员工的收入还是非常高的，可以说不是中国级的，而是基本达到世界500强的收入水平。

第二，提供人性化的关怀。集团几年前就实现带薪休假，每人每年最少6天，多至20天。还在昂贵的中心区写字楼里建有健身中心，让员工免费去健身、运动。集团要求各公司每年不少于组织5次集体活动，由公司出钱，大家一起出去玩一玩，促进感情交流，以建立良好的企业人际关系。

第三，集团提供“终身保障制度”。

让公司很阳光

关爱员工，还要讲文化。企业要有一种良好的追求，有一个好的精神状态，使员工看见这个公司很阳光，很健康。对于优秀的企业文化，万达也有一个工程：每年推荐读一本书，由总裁会推荐后买了发给员工，这个坚持好多年了。读书后，一是要求员工写一篇过500字的笔记；二是每个公司自己组织一次演讲。全国70多家公司，演讲后选出第一名，到集团演讲，再评出一二三等奖，出版演讲集，放上他的照片，就作为一种鼓励。三是每年出一本故事集，就记载公司的好人好事，对员工也是一种激励。四是每年一次年会，这是万达企业

> **做一家让世界尊敬的中国企业**
>
> 王健林谈理想："做一家让世界尊敬的中国企业，且下一任后还能保持"。这一理想的实现对中国企业确实有难度，它包括两个方面，第一是投身全球舞台，参与全球竞争，依靠实力胜出并赢得洋人恐惧或尊敬；第二是接班人问题，靠制度建设而非"人治"，不因创始人卸任而受影响。

文化的第一品牌，鼓励员工，很感人。每年还有一次"良心之旅"，员工要选他公司当地一个最穷的村去访贫问苦。并且，公司不发钱，由个人捐助。

良好的文化熏陶、物质待遇、人际关系、事业平台，才能为员工和企业创造出幸福指数。

社会贡献

由于在企业经营和承担社会责任方面取得突出成就，2005年，王健林被国家民政部授予首届"中华慈善奖"；2006年，万达集团获得第二届"中华慈善奖""最具爱心内资企业"称号，2008年，王健林获得"中华慈善奖""最具爱心慈善捐赠个人"称号，万达集团因此成为全国近800万家企业中唯一三次获"中华慈善奖"的企业。2005年，王健林还被中华慈善总会等十几家全国性社团组织授予第二届全国"十大社会公益之星"称号，获得"2005CCTV中国经济年度人物"称号；2007年，王健林被辽宁省委统战部等部门授予"辽宁省优秀社会主义事业建设者"称号，被中央统战部、全国工商联等部委授予首届"光彩人物"奖，被全国工商联、全国总工会等部委授予"全国关爱员工优秀企业家"称号。王健林以其强烈的社会责任感，升华了中国企业家的崇高境界，这是一种伟大的雷

锋精神在新时代的再现。

大连万达集团通过中华慈善总会向青海玉树地震灾区捐款1亿元，这是迄今为止地震灾区收到的最大一笔救灾捐款。

万达集团以“共创财富、公益社会”为企业使命，成立24年来，累计现金捐款已超过28亿元，是中国慈善公益捐助最多的民营企业之一，曾五次获得国家民政部颁发的中华慈善奖。2010年11月8日，王健林个人向金陵大报恩寺重建工程捐赠10亿元人民币。据悉，这是迄今为止，中华慈善史上最大数额的单笔个人捐赠。

第六章 信赢天下 善行天下

人物传奇

35岁之前，黄如论一直在家乡做小买卖。1986年，黄如论只身前往菲律宾淘金，曾在多个国家从事贸易。1991年，他返回家乡，开始投资于房地产业，并发展成为福建最大的私人房地产商。上世纪90年代末，黄如论的世纪金源集团将重心转向北京市场，其开发的楼盘完全利用自有资金，并多采用现楼销售的方式。目前世纪金源集团正在向饭店和商业领域扩张，已拥有多家五星级饭店。低调的地产大鳄，却有着几分传奇色彩和不同的人生侧面。

第一节 人物解读

个人简介

黄如论，男，汉族，1951年9月18日出生，籍贯中国福建省连江县，旅菲华侨，高级工程师。现任世纪金源集团董事局主席，兼任中国商业联合会副会长、中国侨联常委，中国致公党福建省委副主任委员，世界十邑同乡会名誉会长、中国侨联华商联谊会名誉副会长，中国人民大学兼职教授，福建省慈善总会高级顾问，北京市房地产协会副会长，北京市商业银行董事局董事等

诸多社会职务。

个人事迹

从1991年开始,黄如论先生响应政府号召回国发展。目前,其所创办的世纪金源集团,下辖北京、云南、重庆、福建、上海、湖南、贵州7个区域集团、50多家企业,其中包括7家五星级大饭店,3家ShoppingMall,集团现有员工1万多名,英才荟萃,实力雄厚。企业以“房地产开发、星级大饭店、大型购物中心、金融资本运营”为四大支柱产业,投资遍及海内外各地,在中国内地投资900多亿元,开发各类商品房2 000万平方米,向国家缴纳各类税费50余亿元,安置下岗工人2 000多名,间接解决了5万多人的就业问题,为各区域的经济繁荣和城市建设做出了突出贡献。

仁富观点

观点一:我一不嫖二不赌,钱留给孩子还不如造福更多人更有意义。

观点二:取诸社会,用诸社会,要那么多钱干吗?金钱只是一个符号,再多的钱对我也是一个样。

观点三:一个企业能否做好,一个人能否成功,靠的是智慧和机会,而非金钱。

数年来,黄如论先生先后为公益事业捐资人民币9.3亿元,在北京、福建、江西、云南、重庆等地多处捐资兴建中小学教学楼、博物馆、医疗中心,修桥铺路,设立各类助学金、奖学金、孤寡老人赡养基金、扶养孤儿基金。其中,捐资1400万元,资助北京市政府和海淀区政府抗击“非典”,捐资1.2亿元人民币兴建云南师范大学附属世纪金源学校,捐资1.8亿元人民币兴建四年制本科大学“江夏学院”,捐资2 000多万建设连江黄如论中学,向中国人民大学累计捐资1 600多万,捐资1 000万帮助兴建北京大学政府管理学院大楼,堪称爱国爱乡的社会楷模。所有这些义举,受到了各级政府、社会各界及家乡人民的充分肯定和高度评价。

2012年7月25日,再次当选中国致公党福建省委副主任委员。

财富成就

2009海南清水湾胡润百富榜(第112名);

2009胡润房地产富豪榜(第44名);

2008胡润百富榜(第76名);

2008胡润房地产富豪榜(第31名);

2012年福布斯中国富豪榜单,黄如论以157.5亿元排第24位。

公益成就

2011年捐资3亿打造中原艺术殿堂;

2010中国慈善排行榜年度十大慈善家(第1名);

2009胡润慈善榜(第2名);

2009福布斯中国慈善榜(第1名);

2008胡润慈善榜(第3名);

2007胡润慈善榜(第4名);

2006中国慈善家排行榜(第3名);

2005中国慈善家排行榜(第1名);

2004中国内地慈善家排行榜(第1名);

第二节　地产大腕的传奇路

早年时期

黄如论祖籍长乐，曾是福建连江一个渔村的普通少年，家境贫寒困苦，在三年困难时期，每餐只能以一两米来充饥。到了"文革"，刚读到小学六年级的黄如论被迫失学，聪慧过人的他丧失了在校读书的机会。35岁之前一直在家乡做小买卖。1986年，黄如论只身前往菲律宾淘金，曾在多个国家从事贸易。

少年时期，三件刻骨铭心的事永远留在了他的心灵深处：其一，"文革"时，13岁的黄如论看到父亲的好朋友——副县长两天换一套衣服，而自己一共就两套衣服，便盼着日后也能像人家一样穿上光鲜的衣服。其二，小时很淘气的黄如论，常把书包挂在树上，不到学校上学。祖母忧心忡忡，不厌其烦地教诲他要有志气，要对得起自己的列祖列宗。其三，"文革"时怕被迫害，拿着叔叔给的20元钱去避难，不慎丢失，在公园里冻了一整夜，那一夜的寒风刺骨、冰冷的星星和泪水永远留在了他的记忆中。对此，他便有了改变这一切的梦想。

当他1991年3月应政府号召回到他热爱的故土时，乡亲们惊奇地发现，这位15岁就在商旅之路上艰难跋涉的穷孩子，已奇迹般成为商业巨子。但很少人知道，那年黄如论只身来到菲律宾时，风餐露宿，曾几顿吃不上饭，熬尽艰辛。有一夜，因为没钱住旅馆而露宿公园，他数着天上的星星，度过一个不眠之夜。他记得就是那一夜的苦思人生，使

闽江学院

2006年，金源集团董事局主席黄如论先生向闽江学院捐赠500万元人民币，建设学院2号教学楼。根据闽江学院董事会章程，黄如论先生受聘担任闽江学院董事会副董事长。数年来黄如论先生为家乡各项事业捐款已超过1亿元。此次捐建的闽江学院2号教学楼建筑面积20 470平方米。

自己更加心明眼亮——从来没有救世主，一切都要靠自己的智慧和勤奋,才能摆脱困境。

重回故土遇商机

1991年,黄如论带着赚到的第一桶金回到福建。重归故土的那一天,他看到榕城这片具有广阔发展前景的热土时,立即激起建设家乡的热望,独资成立了福州金源房地产有限公司。福州旧城改造是金源的第一个契机,黄如论的企业迅速发展,很快成为福州最大的民营房地产企业。1994年,他组建成立了福建金源实业集团有限公司,以地产为龙头,包含相关产业如装饰装潢、民安建筑等10家独(合)资企业。

1999年5月19日,黄如论敏锐地意识到,北京房地产市场将出现一个飞速发展的阶段,他果断率领千余名福州子弟进军北京,开始了辉煌的历程。翻翻黄如论现在的家底,相当殷实。北京西部,昆玉河边,是世纪金源集团370万平方米的大盘——世纪城，它是目前北京最大的商业住宅楼

盘,2003年以37亿元销售额争得北京房地产年销量冠军。金源集团在北京还拥有世纪金源购物中心,总面积68万平方米,是世界最大的购物中心。此外,在重庆、昆明等城市,金源集团拥有多个高档楼盘、星级酒店和大型购物中心。

以独到的眼光把握商机

买到准现房对于现在的购房者来说好像已不是特别新鲜的事。但在数年前,北京还没有这样的先例,那时人们似乎习惯了对着图纸和模型挑选房子。1999年的圣诞节前,“世纪嘉园”突然以黑色大字“怪事”为广告词,开始准现房的发售,开北京商品房准现房发售之先河。一时间,购房者趋之若鹜,一个月成交额达2亿元。

这一出人意料的策划,就出自黄如论之手。在强手如林的亚运商圈,仅用一年时间就取得这样的成绩,这使得刚进京的金源集团声名鹊起。

在地产界的成功没有让黄如论感到满意。在房地产开发逐步深入后,他开始尝试多元化、产业化的发展模式,创办了金源大众文化传播、金源城市广告和世纪金源物业管理有限公司等,致力于企业文化的建设、品牌的树立及项目的售后服务工作,推动在京事业继续壮大发展。同时,创办了北京世纪金源投资、隆鑫园房地产、世纪金源国际大饭店、香山会馆有限公司等多家产业化企业,组建了世纪金源投资集团,以守法经营、品牌战略和稳健作风获得了巨大成功,奠定了在京发展的坚实基础。

除了在商场上独到的眼光和把握商机的能力,黄如论在管理上也有自己的一套理论。要使偌大的一个集团正常运转并不断壮大,黄如论清醒地认识到人才是决定性要素。于是,他一方面四处求贤,从许多大学招来高级人才,另一方面,又把公司的许多员工送去培训。尤其是每一位新员工必须经历严格的培训,而几乎金源集团的每个员工都是从这样严格的培训管理中尝到甜头。

与此同时,金源旗下一个规模庞大的现代豪华饭店集团也呼之欲出——2001年,福州金源国际大饭店摘取五星桂冠,接着,北京世纪金源大饭店、香山金源商旅酒店、重庆世纪金源时代大饭店、北京华侨大厦均以五星级水准笑傲业界同侪。对于涉足酒店业的最初决策,公司内外的担心、忧虑曾不绝于耳。最终,黄如论一锤定音:“别人能做到的,我一样能做到;别人能做好的,我一定能做得更好。”事实也恰是如此。

而这一关乎企业发展的重大战略决策,正是基于黄如论先生当年的准确预测,到2008年,中国的房地产市场将趋于饱和,因此,金源集团必须从现在开始淡出房地产行业,而将业务中心转移到大型酒店和购物中心这样的服务性行业中,以保证金源集团未来的可持续发展。

2003年2月14日,金源麾下的商业“巨无霸”——斥资38亿的北京金源时代购物中心也正式启动,并于2004年10月隆重开业。这是一艘真正的商业“航母”,总建筑面积87万平方米,首期单体建筑55万平方米,系当今世界之最,仅室内停车场便可停放一万部汽车。该中心作为集购物、休闲、娱乐、餐饮、文化、旅游为一体的综合业态,正为核心商圈居民、北京市民及旅游者提供全新的商业体验。起源于美国的“Shopping Mall”,在世界发达国家和地区已有风靡之势,而在中国,这还是首家。当年,黄如论先生在菲律宾马尼拉第一次看到当地的“Shopping Mall”，他仰望着宏伟的建筑，其规模令他惊叹：“有生之年在中国，我也要搞这样一个‘Shopping Mall’。”

在黄先生的大手笔下，斥资26亿元的重庆金源时代购物中心，以及斥资80亿元的昆明金源时代购物中心、昆明世纪城、昆明金源大饭店正在全力打造，而上海等地的金源时代购物中心及超五星级的上海金源国际大饭店也在启动中……届时，金源集团购物中心连锁系列将在神州大地，横空出世。

传承人文精神　爱心铸就英雄

今天的黄如论先生和他的金源集团正被纷至沓来的荣誉簇拥着，这是社会对他和他的事业的高度认同。在这难以数计的诸多荣誉和所兼各职中，他最看重的也许就是那不显眼的中国人民大学兼职教授的一纸聘书。的确，他对建筑学的痴迷和全身心投入，以及一次次成功的创新设计，融入了他多少儿时梦想、人文理念、科学发展观和现代高科技元素，以至每一个作品都是他心血的结晶，他爱它们，就像爱自己的孩子。他没有太高的学历，但自学成材不是世间的普遍规律吗？即使置身高等学府，那也是“师傅领进门，修行在个人。”大哲学家培根说得好：“大学既培养天才，也培养白痴。”

在金源集团7 000名员工的心目中，集团董事局主席黄如论先生严父般的教诲、慈母般的关爱和兄长般的呵护，分明是融在一起的。他希望金源集团能广纳社会贤才，也希望集团内人才辈出，群星璀璨。为此，他会将自己几十年的人生历练、感悟得失和公司的方方面面一一道来，因此，并不神秘；他也会历数古圣先贤的名言隽语，以及古往今来为人处事的道理，与大家切磋共勉。他的人格魅力

世纪金源简介

它是一家综合性跨行业国际集团。集团拥有“房地产开发、星级大饭店、大型购物中心、金融资本运营、矿业开发和物业管理”六大支柱产业，目前在中国内地已投资2 000多亿元人民币，开发各类商品房8 000万平方米，缴纳各项税费已达300亿元人民币，捐资公益事业21.2亿元人民币。

体现在工地上、会议室、知人善任和公司的每一个重大举措中;他的诚信准则贵在发自内心,始终如一,且贯穿于每一言每一行中。于是,人们在黄如论略显瘦削但神采奕奕的脸上,读到儒家的仁爱敦厚、道家的睿智洒脱和佛家的慈悲喜乐。

第三节　壮岁创业美梦终成真

首富不如首善

生活中的黄如论是一个和大家没有什么区别的普通人，穿着也比较朴素,只要衣服干净,显得人比较精神就可以了。黄如论表示这缘于自己出身的影响——外表普通,内心却充满了对于生活的坚定信念。

黄如论自己小时候没钱买好衣服,没钱上学,还有因没钱住旅馆而露宿街头，种种艰难的生活给了黄如论自己坚定信念：冲破祖辈的农民思想,通过自身的努力,摆脱贫困落后的旧面貌,换来黄如论幸福的家庭与

企业荣誉

自2005年以来,四度荣登“中国企业500强”,连续五年荣登“中国服务业企业500强”;自2003年至今,连续四年名列“中国行业纳税百强”前三名。集团董事局主席黄如论先生自2003年起连续四年荣登中国慈善排行榜榜首,曾三度荣获国家民政部颁发的“中华慈善奖”,被誉为“中国慈善第一人”。

成功的人生,并用换取的财富来报答父母、祖父母的养育之恩,报答那些教诲自己如何做人如何处世的老首长、老革命。因此,黄如论始终认为,一个人对社会对身边的人应该怀有知恩感恩的情愫,并尽力做一些力所能及的事情去回报他们。在黄如论困难的时候,黄如论得到过别人的无私帮助,这很让黄如论感动,所以黄如论知道困境中伸来一双援助的手意味着什么。

2004年和2005年,黄如论分别以捐助金额2.1亿元人民币和8 432万元人民币蝉联“中国慈善家排行榜”第一名。2006年4月18日,由民政部指导的“中国慈善排行榜”在人民大会堂发布,黄如论以1.617亿元的施财手笔再次成为年度最慷慨慈善家。值得注意的是,他在福布斯富豪榜上却只排在第48名。代表父亲黄如论前来领奖的黄涛表示,在获得的众多奖项中,这个奖是他们企业最为重视和珍惜的。

纵观黄如论这十多年的慈善之路,可谓仁者所为。他捐赠的方向主要是教育和扶贫,中国人大、北大等学校都是受益学校。据不完全统计,他已先后上百次为公益事业捐款累计达人民币5.8亿元。他在北京、福建、江西、云南、重庆等地兴建了中小学教学楼、博物馆、医疗中心、桥梁道路;设立各类助学金、奖学金、孤寡老人赡养基金、抚养孤儿基金等多项公益基金。黄如论捐款史上最广为人知的一次是在北京非典时期,以世纪金源集团的名义,分别为北京市和海淀区捐款1 200万和200万,这是当时北京最大的一笔抗非典捐款。而他一次性捐款数额最大的一笔则是2003年在家乡捐资1.8亿元,建造福建江夏学院。

他现在追求的是一种事业的境界,一种实现人生抱负的情怀,这就是实现为国家发展、人类进步做更多事的人生理想。他说,自己有责任为国家与民族做更多的奉献。

为加强对青少年进行道德教育、民族精神教育，黄如论捐巨资支持一批有责任感有使命感的文艺工作者，创作拍摄了表现中华民族传统美德的系列影视剧。他说："育人第一重要，每个人都有责任。"

"家乡的事就是我的事"

黄如论生活俭朴，除了爱哼几句闽剧外，没啥个人爱好。他在福州的办公室不过25平方米，没有任何与富丽堂皇可以沾边的装饰，唯一的一幅字一幅画，据说还是两位老乡送的。说起家乡，黄如论总是很动情。他说："家乡栽培了我，我对家乡的一草一木都怀有深情，家乡的事就是我的事。"

长乐先贤、儒学大家黄勉斋是黄如论的先祖。事业有成后，黄如论多次回长乐寻根问祖，并先后出资在长乐古槐镇青山村修建了宋大儒黄勉斋特祠，在长乐首占镇鹏上村修葺了黄文肃公宗祠。他说："我出身忠臣之后，我的祖先世代以读书传家，我的第十二代祖先黄勉斋是朱熹的大弟子，儒学正宗。中国传统儒家文化强调积极入世，强调济世救人。这种达则兼济天下的中国传统文化和家族精神，在我们家代代相传，构成我今天价值观的重要成分。"2004年，长乐举办纪念郑和下西洋600周年大型元宵文艺晚会，黄如论特地从北京赶回长乐观看演出并赠巨资予以资助。此外，他还在长乐捐资500万元兴建了金源科技大厦，目前已经竣工并投入使用。

2004年，第六届海交会与第四届世界福建同乡恳亲大会、首届闽商大会、首届中国商品交易会等四盛会在福州联袂登场。5月18日晚，榕城市民有50%

星级饭店

从20世纪五六十年代开始，按照饭店的建筑设备、饭店规模、服务质量、管理水平，逐渐形成了比较统一的等级标准。用星的数量和设色表示旅游饭店的等级。星级分为五个等级，即一星级、二星级、三星级、四星级、五星级（含白金五星级）。最低为一星级，最高为白金五星级饭店。

以上或是涌向金山或是在电视机旁看焰火晚会，感受四盛会给他们带来节日般的快乐。这场焰火晚会也是黄如论捐资300万举办的。

关于这次捐资，黄如论表示："四个大会都在福州开，海内外那么多成功人士汇聚福州，我高兴，我当然要为四盛会出点力，让海内外来宾都能记住我们这座美丽的城市，记住福州人的热情、开放。当晚，我看到现场有那么多人唱那么多人笑，心里实在舒服。"

这就是黄如论，短短几句话，就让我们真切地感受到他对家乡的真挚感情。也正是对家乡的真挚感情，促进了黄如论对社会公益慈善事业的乐此不疲。黄如论曾在一次接受记者采访时说："我是一个农民的儿子，小时候家里很穷，生活非常贫困艰苦，但父母和祖父母对我非常疼爱，周围许多亲戚朋友也给我很多关照。当时我就有一个梦想，一定要努力打拼奋斗，用我自己的智慧、胆略和汗水来换取收获，回报生我养我的父母、抚育我长大的祖父祖母，和那些帮助过我、教诲过我如何做人如何处世的人们。这些梦想和信念，化在了我今天的人生观与价值观，也是我从事慈善与公益捐赠的最原始动力。"

第四节　农民缔造的世纪金源

集团简介

世纪金源投资集团有限公司属下拥有北京、云南、重庆、福建、上海、湖南、贵州、安徽、宁波9个区域集团，1个行业集团，其中包括70多家子公司，14家五星级大饭店，6家Shopping Mall，投资地域遍及海内外各地。集

团现有员工2万多名,英才荟萃,实力雄厚。自企业成立以来,在集团董事局主席黄如论先生的带领下,全体金源人秉承“诚信创业、造福社会”的企业宗旨和“以情服务、用心做事”的企业理念,努力拼搏,不断创新,在海内外各地取得了令人瞩目的成绩:成功开发了北京世纪城、昆明世纪城、长沙湘江世纪城、贵阳世纪城和合肥滨湖世纪城等大型综合性楼盘;以社会大需求为核心,开创并实践了“中国式饭店运营理念”,成为国内首家“自己设计、自己建造、自己经营、自己管理”的酒店集团;首次将“摩尔”概念(Shopping Mall,者译“摩尔”,意为大型购物中心,属于一种新型的复合型商业业态。)引入中国,有效提升了各投资地的区域商业面貌和消费理念;成功入股北京银行、重庆农村商业银行和云南富滇银行;投巨资挺进矿业开发领域,为企业可持续发展奠定基础,等等。

服务社会

世纪金源集团已跨入规模经营与品牌运作的现代企业层次,担负起更为广泛、更加体现人本精神的社会责任,到目前已安置京、闽、渝、滇四地下岗工人5000多人,间接解决了8万多人的就业问题,为当地的经济繁荣和城市建设作出了突出贡献。

星级饭店

世纪金源集团利用自身的优势,不断探索、创新饭店的经营管理模式,在旗下各大饭店导入了强有力的世纪金源理念,要求员工把“以情服务、用心做事”的企业理念和首问负责制贯穿于对顾客服务的始终,突出“一站式”的个性化服务,以主动、热情、耐心、细致的服务接待宾客。同时,饭店积极学习国外品牌饭店的管理经验,吸收外来精华,结合自身实际,不断推进饭店的业务创新、技术创新、管理创新和意识创

新，打造世纪金源高档商务饭店品牌。

世纪金源集团打造的饭店，规模庞大、配套设施齐全。每家饭店拥有各类客房数百套，每套客房均提供了宽带上网端口、卫星电视、国际国内直拨电话、语音服务等设施，各类大小会议室均提供了数字系统，多种语言同声传译系统等现代化的会议设施。商务中心提供了优质的通信支持和专业的秘书服务。同时世纪金源集团在北京世纪金源大饭店、重庆世纪金源大饭店建成了与饭店配套的地下不夜城。地下不夜城的设计理念来源于美国拉斯维加斯的活力与新奇风范，为市民打造一个集购物、休闲、娱乐、美食于一体的神奇世界。

第七章　六十年的传奇人生

人物传奇

18岁不到，就已经成了下乡知青，一个农民要吃的苦，他没少吃一点儿，在京城地产界的名流中，首润置业总经理李长山虽不及任志强出语惊人，也不及潘石屹人情练达。但是，那份镇定，那种真实，没有丝毫的矫饰，没有任何作秀的成分，却是他自己所独有的。

李长山60年的人生岁月，浓缩了一个时代，浓缩了一段历史。他是这段历史、这个时代的成功者。

第一节　人物解读

个人简介

李长山，1951年生于河北玉田。下过乡、当过农民、做过铁匠铺学徒、担任过新闻记者、从过军、做过政府官员。曾任秦皇岛市城建局办公室主任、党委办公室主任、秦皇岛市委组织部干审科科长、秦皇岛市开发办综合处处长、秦皇岛市经济技术开发区外资企业管理局局长、秦皇岛市开发区进出口公司总经理、秦皇岛市开发区科技开发总公司董事长。

人物事迹

1992年弃官下海，开始涉足房地产业，任深圳金田股份有限责任公司总裁办公室主任、副总裁；1994年创办现代物业发展集团任董事、常务副

总经理；1997年加盟太合集团，先后任北京万邦企业发展公司副总裁、太合龙脉房地产开发有限公司总经理、太合伟益科技发展有限责任公司总经理、太合日盛房地产开发有限责任公司董事长总经理；现任太合控股公司董事、太合房地产(集团)有限责任公司执行董事、常务副总经理。1992年以来，李长山主持并参与过金田大上海国际花园、北京欧陆经典、时代庄园、太合嘉园、太合国际友谊村等多个大型项目的开发与经营，总建筑面积达200万平方米以上。

从1966年的“文化大革命”到1976年唐山大地震，到80年代的改革开放和90年代弃官下海，从秦皇岛到深圳、到上海、到北京，40多年的人生宝贵经历，丰富的经验，铸就了李长山坚毅、执着、稳健的性格和精益求精的做事风格，在每一次时代经济的风口浪尖上搏击，不断完善和超越自己。

第二节　不平凡的财富之路

从容自信的境界

走进李长山的办公室，最为醒目的是在办公桌后的墙上，挂着一幅别致的书法作品，写着“天地江山”。四个字里蕴涵着宏大的意境，加上中国书法艺术的表现力，一种浩然之气似乎刹那间充满了眼前的时空。

李长山非常热情，在这位掌管数十亿资产的掌门人身上，看不出丝

毫的傲慢与矜持，也看不出商人潜意识中的丝毫矫饰，而像一位和蔼的长者，一位饱学的学者。

> **李长山谈房价**
>
> 房价越高，开发商交的税就越高。政府应鼓励大家盖好房，让有钱人拿出钱来买房，做到税金回流，刺激消费，扩大内需。对于收入低的工薪阶层，政府应单独调整，用行政手段在市场中进行部分强化。

岁月在李长山的脸上留下了历史的沧桑感，他已见证了20世纪整个下半叶的历史轨迹。这是一个变化的时代，这是一个转型的时代，这是一个大起大落的时代，中国在这五十年从封闭走向开放，从历史走向未来。但是，他的脸上依然充满着笑容，一种发自心底的笑容，这种笑容和年轻人没有任何区别。除了成功带给他的喜悦以外，最重要的也许是来自于他那种与时代同步的从容感，历经大风大浪后的沉静与宽宏。

在京城地产界的名流中，显然，李长山不及任志强出语惊人，不及潘石屹人情练达，甚至不及后辈郭钧、林少洲等人宏论滔滔。但是，那份镇定，那种真实，没有丝毫的矫饰，没有任何作秀的成分，却是他自己所独有的。

李长山60年的人生岁月，浓缩了一个时代，浓缩了一段历史。他是这段历史、这个时代的成功者。

荣辉河畔的快乐

人生如同一条河流，总会从少年流向迟暮，从故园流向他乡。

1951年，太阳照在荣辉河上，河水缓缓地流过河北玉田县西查屯村。这条当年由乾隆帝钦题的河流，见证了几百年来这村里农民的兴衰，也见证了李长山的诞生。1960年，刚刚9岁的李长山跟着娘在山海关一带讨饭，娘儿俩一讨就是整两年。露宿街头，沿街乞讨。这段难忘的经历造就了李长山的朴素。

像当时所有村里的孩子一样，李长山童年的快乐是与荣辉河做伴。夏天到河里捉鱼、游泳，冬天到河上滑冰，笑声与水声同唱，童年与流水同长。荣辉河给李长山带来了快乐,也带来了勇敢和志气。

1964年,李长山小学毕业,却没有考上理想中的玉田一中。倔强不服输的性格,使小小年纪的他竟放弃了上其他中学的机会,再考了一年。65年,李长山如愿以偿地进入了当时河北玉田县唯一的重点中学。

天资聪颖的他很快在学校崭露头角,作文经常在广播里当作范文朗读。那时候,梦想与好奇充满了他的少年岁月。

然而好景不长,一年以后,“文化大革命”爆发了。各种各样的政治活动代替了正常的学习生活,稀里糊涂的他就毕业了。

苦难与磨炼

“文化大革命”是一代人的苦难。但是李长山平静地说,苦难是人生最好的老师。正是处在渴望知识渴望学习年龄的李长山,18岁还不到,却已经成了一个返乡知青,家中的主要劳动力。一个农民要吃的苦,李长山没少吃一点儿,但家里还是不够吃。

当时铁匠的工分多，李长山想办法当了一名铁匠的学徒。回忆当时的情形，李长山描述说："师傅用小锤，我用大锤，师傅点到哪儿，我就打到哪儿。师傅休息抽烟，我就拉风箱把铁烧红……"作为军人和农民的后代，李长山秉承了他们吃苦耐劳的本色和坚忍不拔的品格。

艰苦的岁月里，写作成为了他唯一的慰藉。当时写的《镰刀弯弯》、《走过西铺村》等文章相继发表。由于文采出众，李长山被唐山《劳动日报》吸纳为记者。不管报社会不会发表，李长山总是在生活里的点点滴滴思索感悟，形成文字，趁每星期赶集的时候投寄出去。在一个物质生活尚且十分贫瘠的年代里，在精神世界的追求更是难能可贵。如果没有后面的事情发生，我们猜测他是不是也会像高尔基一样，最终成为一位生活在社会底层的伟大作家。当然，我的假设没有成立，他的命运发生令人兴奋的转折。

1969年夏天的某个中午，村民们正在召开思想座谈会。突然，一个领导把在会的李长山叫到了办公室。"你在外面犯了什么事？赶快回去收拾收拾，明天上午到县委政治部报到。"听完此言，李长山诚惶诚恐地回了家，第二天带着一家人的诚惶诚恐上了路。这或许是李长山人生中最具喜剧色彩的会面，县委政治部把他和同到的几位爱好文学的农村青年送进了唐山《劳动日报》举办的一个"土记者学习班"。机会加勤奋，使李长山参与采写的文章在《光明日报》的显著位置全文刊出，并引起唐山地区乃至全国的轰动。时至今日，李长

李长山谈创业

在中国创业具备两个东西，这两个东西哪怕你具备一条都行。一是专业技术，这个专业技术很专业，到专利的水平了，别人不可比拟的；再一个就是资金，有庞大的资金做后盾，不怕失败，失败了你再爬起来，继续投。

> **年轻人创业**
>
> 年轻人到各个单位要销售你的产品，那个门你很难进，进不去门，在门外就把你挡住了，你这个资力不够，社会关系就更不够。我觉得这三个因素都不具备，需要一个时间和过程。有一定的基础了，选一个行业或者是一个方向有可能会起来。

山仍能详细地说出此文颇长的名字。1970年底李长山成了军队中的一名新闻兵，担任新闻干事。

军队铁一般的纪律和着战场的滚滚硝烟，带给这一代人永不磨灭的记忆，也为新中国练就了一批铁骨铮铮的男儿。这些人后来几乎都成为了现代化建设和改革开放的主力军，李长山也是其中的一位出色代表。

政绩突出

八年后，李长山从部队转业到秦皇岛城建局担任办公室主任，从此开始了他从政生涯。当时改革开放的春风刚刚吹醒神州大地，经济建设成为社会生活的中心，现实中充满了各种各样的诱惑和冲突。

秦皇岛作为国家对外开放的第一线城市，在改革途中每走一步都备受瞩目。李长山凭借其积极稳健的开拓精神，在从政的岗位上孜孜不倦地奋斗了15年。从政期间，李长山先后在组织部、开放办、外资管理局、进出口开发公司等部门担任领导职务，并赴首都经贸大学深造，仕途上的飞黄腾达，指日可待。“在1991年前后，秦皇岛最好的车成了李长山的坐骑，那时李长山已经是市经济技术开发区外资企业管理局局长了”。

弃政从商

90年代初，在邓小平方谈讲话之后，中国掀起了第二次改革开放的高潮，商潮涌动。同时，下海经商也再次成为很多人的选择。长期在对外贸易部门和经济部门工作的李长山，对商业也早已产生了热情。与不别人不同的是，财富不是他追逐的主要目标，他的理想就是实业建国。李长山郑重地说：“企业家应是社会最受尊敬的人。”

1992年，已经过了不惑之年的李长山审时度势，果断地放弃了当时的“金饭碗”，迈向了他的商业理想之路。李长山从业的第一家企业是深圳的第一家上市公司——金田公司。从论资排辈的政治舞台进入公平竞争的商业社会里，从一个沿海城市的局级干部到特区千千万打工族中的一员，他的一切都是从零做起。然而，从文、从军、从政的丰富经历使他很快脱颖而出。兢兢业业的工作作风，踏踏实实的办事态度，以及作为一个商人所应有的全面素质和奋斗精神，使他赢得了尊重，很快他就升任为副总裁。

初到深圳，当时天气太热，连买个西瓜的钱都不宽裕，就只好坚持着到办公室去喝水。从拥有秦皇岛最好的坐骑到饥饿的状态下步行上下班，从拥有舒适宽敞的房间到全部家当只有一张凉席、一双拖鞋、一个脸盆，李长山就是这样勇于挑战，最后走向成功的。

当时，上海正致力于完善其作为国际化大都市和中国经济商贸中心的角色，寸土寸金的城市到处孕育着无限商机。金田公司在上海投资组建一家房地产公司，派出李长山亲自挂帅，主持项目运作。

奔腾不息的黄浦江水淘尽了历史的铅华，它似乎正呼唤着新的英雄诞生。曾经的十里洋场在繁华背后透出新气象，它感染着无数有识之士乘风破浪，创造辉煌。正是在这样的背景下，李长山与太合集团董事局主席王伟相识。两人志同道合，一见如故。两人的激情擦出了合作的火花，李长山很快进京，加盟太合。

在执掌太合地产这些日子里，深谙“两眼论”的李长山一方面与政府

欧式建筑

它是一个统称，欧式风格强调以华丽的装饰、浓烈的色彩、精美的造型达到雍容华贵的装饰效果。类型有哥特式建筑,巴洛克建筑,法国古典主义建筑,古罗马建筑,古典复兴建筑,罗曼建筑,文艺复兴,浪漫主义,折衷主义。喷泉、罗马柱、雕塑、尖塔、八角房这些都是欧式建筑的典型标志。

紧密协调,一方面努力与市场合拍;在积极开拓市场的同时,又致力于城市功能补缺项目建设,做到了社会效益与公司的经济效益良性循环,打造出欧陆经典、时代庄园、太合嘉园、太合国际友谊村等成功之作。

从1966年的"文化大革命"到1976年唐山大地震,到80年代的改革开放和90年代弃官下海,从秦皇岛到深圳,再杀回北京,40多年的人生宝贵经历,铸就了李长山坚毅、执着、稳健的性格和精益求精的做事风格,在每一次时代经济的风口浪尖上搏击,不断完善和超越自己。

事业发展

摩根士丹利、高盛、美林、麦格理等海外资本纷纷出动,巨资收购国内优质商业地产。但是外商投资于中国房地产领域的劣势也非常明显。

李长山分析外商投资时说:"外资进入中国,并不像我们对本土了解这么透彻,特别是房地产行业,区域性、民族化很强,可利用的政策空间还是有的。外资的水土不服问题短期内还将存在,他们用1块钱做成的事,我可能只用6毛就可以。资本和经验的结合很重要,可以加速成功。"

李长山对中国式的协调关系,比如请客吃饭那一套,很厌烦。"最浪费时间和金钱的是请客,在饭场上说着言不由衷的话,把宝贵的时间白白浪费掉,真的很可惜。但是有些活动还不得不去,所以最痛苦"。

房地产的核心问题是资本运作,是运作资本的人。作为一个成规模、口碑好、被社会认可的房地产开发商,其资本的来源应该更多的依赖于社会,依赖社会资本的关键是要做出被社会认可的产品。

一个房地产项目的成功开发和运作，汇集了大量的金钱和无数人的智慧、汗水、财力的储备。如何做好开发和运作这篇文章，因此也备受关注。关于这个问题，每个地产商都有其独特的看法，看法不同也决定了李长山们在做法上的千姿百态。李长山就是这样一位有特色而高效率的地产商。李长山懂得如何节省时间，又精通在进行社会融资时往往采取哪种方式。

踏上新征途

今天的李长山用功成名就来形容并不过分。但是，强烈的事业心与历史责任感仍然驱使着李长山不断地跋涉着。

李长山52岁时，毅然辞去了太合地产总裁的职务，退任董事。但这次是以退为进，目前正在与太合集团合资成立一个新的公司——太合环球房地产公司。李说，这次是把自己多年职业生涯的积蓄全部投入，在新公司将占有50%的股份。

“老骥伏枥，志在千里”，李长山丝毫不觉得自己已经可以止步，可以满足，再一次将自己推上了新的征途，这是一次创业之旅。

李长山是一个善于创造机遇、抓住机遇的人。从一次偶然的培训开始，他改变了自己的人生，又一步步把握了自己的命运。八年从军，十余年从政，又毅然从商，直到走马入太合，他总是在关键的时候能够把握住机会。

这次他选择了创业。古人云，“五十而知天命”。或许，他已经拥有可以预知的成功未来。

永不止步

李长山信奉的世界观,是自身价值的实现。李长山不停地在实现着自身的价值。已经55岁的李长山,每天早晨7点吃完早点,8点前一定来到公司,紧接着就是一天的忙碌:处理文件,过问合同,还要主持会议等日常工作。每天晚上11点多才回到家,晚饭有时候都来不及吃,只有煮点方便面打发一顿。

> **个人言论**
>
> 李长山不认为房地产行业是暴利行业。李长山举了自己现在投资的酒业的例子,750毫升的干红,在工厂里加工成纯酒也就2元左右的成本,再加上瓶子和包装费用总共只有10元左右的成本。在超市销售就可以卖到38元,如果在酒吧消费甚至达到380元。这种利润就比房地产高出好多。

作为农民的后代,李长山秉承了先辈们吃苦耐劳的本色。曾经的军旅生涯,让李长山拥有坚忍不拔的品格。"作为企业的总经理,不来单位能行吗?那么多人都在看着你,即便是身体不舒服,也要硬着头皮来上班。"

鉴于工商联住宅产业商会的活动不太灵活,李长山和北京富力房地产开发有限公司副董事长谢强等4人共同组建了房地产行业名人俱乐部,及时沟通,相互学习。李长山一直在努力寻找着更加适合自己的方向。李长山回忆起当年在深圳的那段日子,神情出奇地平静。

如果李长山当年不辞职下海的话,也要被迫退出政治舞台了。可是作为房地产公司的董事,李长山可以永远做下去。

社会影响

2006年"两会"期间,住房难问题成了人大代表和政协委员最为关心的话题之一。有些代表提出议案,希望国家出台相应的政策限制高档房的开发项目,增加中低档经济适用房。然而,身为京城地产界"大哥大"级人物的李长山对此抱有自己的独特想法,在这一点上李长山比较赞成任志

强的观点，房地产行业毕竟是个市场，有市场就有市场竞争，价格也就有高有低。正如有的人喜欢白花，有的人喜欢红花，应该错落有致，才能百花齐放。不要人为地限制和过多地干涉，更不能限制这些资本拥有者发展，因为李长山们是最可爱的人。否则一刀切会使市场失去生机。

李长山认为，房价越高，开发商交的税就越高。政府应鼓励大家盖好房，让有钱人拿出钱来买房，做到税金回流，刺激消费，扩大内需。对于收入低的工薪阶层，政府应单独调整，用行政手段在市场中进行部分强化。

第八章　打工仔的商海浮沉路

人物传奇

每每遇到危机，恒大地产大多都能够神奇地化险为夷、绝处逢生。恒大为什么会有这样的企业性格与文化基因，这从恒大掌门人许家印的成长路径中，或能窥测一二。一个靠8年积累的民营企业家，在短短几年的时间里，将一个最初只有20多人、资金不多的小型企业，发展成为今天拥有3 000多名员工，拥有120亿元资产一举跻身于中国企业500强行列的大型企业集团的创举，让人为之惊讶！

第一节　人物解读

个人简介

许家印，男，生于河南太康县，恒大地产集团董事局主席。全国劳动模范、中国十大慈善家。2012年3月，全国政协委员许家印在“关于中国足球改革的几点建议”的提案中炮轰足球伪职业化，建议设立足球“扫赌打黑”专项基金。2011胡润中国富豪榜许家印以460亿元的个人资产排名全国第五；截至2012年恒大地产集团总资产达1 790亿元；2012中国内地在港上市房地产公司综合实力第一名，并囊括财富创造能力TOP10、投资价值TOP10两项分榜单第一。

人物履历

许家印1978年考入武汉钢铁学院冶金系金属材料专业，1982年毕业后

分配到河南舞阳钢铁公司工作。在工厂的10年，任车间主任等职务，并获得国家冶金部颁发的高级经济师职称。1992年，小平同志的南方谈话让许家印察觉到新的机遇，毅然放弃了铁饭碗，到改革开放的前沿深圳去创业。三个一年半的创业加上六年的艰辛奋斗，许家印将一家名不见经传的企业发展成为今天拥有包括上市公司恒大地产在内的十多家下属企业的集团公司，并一举成为广州市十大投资集团前茅企业、中国房地产百强企业，并一举荣登中国企业500强的金榜。

由于光辉的业绩，2001年，许家印与李嘉诚等100名著名华人企业家荣获国务院及联合国计划开发署联合颁发的21世纪封面人物英才称号。2003年10月，许家印被欧洲货币组织列入中国100名富豪排行榜第38位。目前，公司提出了向世界500强企业进军的战略。2003年10月受聘为武汉科技大学兼职教授。此外，许家印始终热心于社会公益事业，近年来，他向社会各项公益事业捐款达1260万元。

第二节　从打工仔到中国首富

知识改变命运

1958年，许家印出生于河南省太康县。这是吴广的故乡，这也曾是一个全国有名的贫困县，十年倒有九年涝，当地人常常以外出讨饭为生。幼年的许家印，母亲早逝，家境十分贫寒，依靠父亲节衣缩食供他念书，常常

面临辍学的窘境。印象中最刻骨铭心的是自己经常带馒头到学校上课，可不到三天馒头便长了毛。

> **许家印名言**
>
> 市场永远是正确的，行情不好，你想卖高，人家也不买，萧条的时候，只能便宜卖，我们去年卖的房，到现在我都心痛。不过没办法，卖房要根据当时的市场情况。

生活的艰辛没有使许家印放弃求学的信念，反而坚定了他"知识改变命运"的决心。在亲友的扶助下，许家印发奋读书，恢复高考后的第二年，就以优异的成绩考上武汉钢铁学院(现武汉科技大学)，终于学有所成。1982年许家印大学毕业被分配到河南舞阳钢铁公司工作。许家印说，他"个人经历很简单，但过程很艰难"。

舞钢是大型国企，他一去就主动申请到了第一线——热处理车间，当时学钢铁的大学生比较少，所以受到重视，帮忙协助车间主任，一年后升为车间副主任，再后来做了车间主任。许家印说自己当时是工作狂人，在做车间主任的7年里，他没有休息过一天，年三十都会跑去车间。在这里一呆就是10年。从小技术员做起，任车间主任并获得冶金部颁发的高级经济师职称。

偷师学艺14年

1992年，小平同志的南方谈话让许家印察觉到新的机遇，毅然放弃了铁饭碗，到改革开放的前沿深圳去创业。已经做到厂长的职位，对于想创业的许家印来说似乎资历是够了。但他还是决定先给人打工，再寻求机会。1992年他到了人生地不熟的深圳，自己做了将近20份简历，每份简历有30多页，东奔西跑3个月，却石沉大海。后来许家印重新做了10余份只有两页的简历，这招果然奏效，很快就有好几家公司的老总约他面试。

许家印在几家大公司的盛情邀请下，最终和一家连锁商店的老总签了约，"看中了它的发展前景和可提供锻炼自己的舞台以及老板的才智和胆略”，当谈到此时，许家印对这位老板的深情难以言表。就这样，他从一家商店的业务员做起，曾做过车间主任、管理300多号人的他开始一切重新来过。那时许家印就连见到公司里20岁的小女生，都会喊“师傅”。三个月后，许家印做成第一个单子，为公司带来10万元的业务额，这让老板对他另眼相看，靠着踏实、肯学又勇于开拓创新和坚忍不拔的精神，他很快成为这家公司的办公室主任。其果断、大气的作风也为老板所赏识，并和老板成为了要好的朋友。

1993年，这个企业又注册了一个贸易公司，要和舞钢合作，许家印于是很自然地兼任了这个新公司的老总，不过这个“老总”只是个虚职，公司注册完以后老板再没投进去一分钱，无奈之下，许家印只能东挪西凑借了10万元，开始了第一次创业。不过这次折腾一年，也无起色。

到了1995年底，已是这家公司总经理的许家印，面临人生最大的一次

机遇。老板派他进军广东的房地产业。洞察力极强的他意识到广东经济的快速发展一定会带动当地房地产行业的红火，胸怀大志的他决意在地产界打拼一番。许家印立即收拾好行李，带着公司的委托和老板的信任去了广州。

许家印名言

企业精神如同社会意识一样，具有相对于客观实在的独立性。这种独立性的具体表现就是，它是一种精神的东西，是企业的灵魂所在。忽略了这一点，就难以理解企业精神的实在意义，甚至也难以理解一个企业的发展过程。

许家印开始了他为老板的第二次创业，创业的艰辛难以想象，一个司机，一个出纳，一个业务员，一个只有3个员工的公司成立了。没有办公费用，他就找朋友借了10万元。就像众多刚来广州打拼的异乡人一样，许家印在广州的第一个落脚点是价廉物美的城中村。城中村里的这间不见阳光的房子，白天是办公室，晚上就是5人的住处。人生地不熟，再加上办公环境实在难登大雅之堂，这家位于城中村的微型小公司，生意自然好不到哪里。公司没有资金、项目，他们就四处打广告，找客户，经过不到3个月的努力，他们终于找银行贷到了2000万元的启动资金。

不过，幸运之神似乎对许家印总能眷顾，每每在他陷入低潮之时，总会有奇迹助他渡过难关，后来的恒大上市波折、资金困难之时，也屡次出现。

当时，许家印的5人团队，通过相关渠道收购了一家公司，取得了一个名为珠岛花园的地产项目，这个对许家印乃至恒大开发、营销风格影响深远的项目，可谓许家印创业路上的第一次飞跃。

当时广州楼市盛行的是大户型之风，一栋楼都是三房，只有拐角的地方才会做小面积。许家印却反其道而行之，1995年珠岛花园第一期的几百套房子全做小户型，效果出奇的好，房子全部热销，在广州楼市轰动一时。经过不到一年半的努力，这家房地产公司已在广州地产界小有名气，初具规模。他个人也为公司创造了巨大的经济效益。

不过，当1997年5月珠岛花园二期销售了一半的时候，许家印选择了离开。临走时，许家印向老板提出了自己的观点：一个人的价值，应该体现出他的能力水平与贡献。许家印离开深圳老板的时候，项目通过审计，价值2个多亿，也就是说许家印花了2年半的时间，从零开始，为公司创造了2个多亿的现金流，而在当时，许的工资是每月3000多元。

许的个性和价值观，在他人生第一次跳槽中已经略有体现："我这个人要强，该我做的事我会做好，没做好是一回事，但做好了就要有体现。舞钢十年当了七年车间主任，总是不提拔，我肯定要走。"许家印说，他的出走与现在"70后"、"80后"的频繁跳槽不同，"他们跳得太多，已经没有了意义"。

有过这两次为老板创业的经历，自己的创业起家自然就轻车熟路了。当人们看着许家印10年创造的惊人财富时，其实并不知道他用了14年的时间历练自己获得财富的本领。

打响第一枪

许家印放弃了总经理的职位和用艰辛开创的一片天地，向他的老板提出了自己创业的想法，老板理解他成就一番大事业的抱负。许家印至今对那位老板感激不尽。

1996年，许家印开始了真正属于自己的第三次创业，依旧是白手起家，没从公司带走一分钱。带着原来公司的七八个人创立了恒大实业集团公司。许家印认为"用最少的钱拿更多的地，发展的时间持续更长"，所以他把恒大的第一个项目锁定在海珠区广州工业大道的原广州

农药厂地块上。

许家印名言

我们再优秀，我们的管理再好，我们的水平再高，都会存在很多很多的问题。公司从成立到现在这么多年来，机构、人事不断的调整，实际上就是恒大不断向别人学习，不断进步的体现。

现在的工业大道板块已是小区云集，房价过万，而在当时这里还是工厂林立、污染严重、市政配套都滞后的远郊区。不过，即便这个地块，首期也需500万元的地价款，恒大最多只能从银行贷到300万元，而且一穷二白的恒大还未必拿得到。资金不多，但许家印却可以凭着在这之前十多年间所积累的丰富经验，打造誉称中国第一个楼盘的广州金碧花园，并借此一举成名，成为“中国著名城镇化社区五十佳”名盘。

为了获得这个项目，许家印又再一次发挥了他的商务谈判技能，既描绘了个恒大的宏伟蓝图，也详细描述怎么付款方便。凭着三寸不烂之舌，300万终于到手，于是许家印立即开发，并复制珠岛花园的模式——小户型，薄利多销，快速回笼资金。

1996年6月8日，金碧花园破土动工，8月8日正式公开发售，开盘价定为2800元/平方米，这个价位对于属于广州老城区的海珠楼盘而言，十分具有诱惑力。当天上午首期的323套住宅就全部卖完，一共回款8 000多万元。第二期开发的时候，有了现金流的恒大开始注重环境和配套，环境好了，售价自然也就高了，于是第二期的售价涨到了3500元/平方米。

作为新公司恒大的首个楼盘，金碧花园创造了广州乃至中国地产史上一个奇迹：当年征地、当年报建、当年动工、当年竣工、当年售罄、当年轰动、当年入住、当年受

益。两年前,还在给别人打工的许家印操作的第一个楼盘,珠岛花园就创造过当年盖完108枚公章、办齐所有报建手续等“六个当年”记录。珠岛花园是今日许家印和恒大地产的起点和老师,并不为过,事实上,金碧花园之后的诸多楼盘,至今仍有着当日珠岛花园的营销、设计痕迹。

1998年6月23日,广州市政府举行中心城区的首次土地拍卖会。当时,名不见经传的恒大集团以1.34亿元的价格拿到了海珠区南州路的农药厂地块周边的5.3万平方米的土地使用权,楼面地价仅686元/平方米,土地出让金可在1年内分期缴付。正是这块当时无人愿要的农药厂地块成就了许家印。在此之前还进行过几次征地。至此,5次扩地,实现了金碧花园占地52万平方米的发展目标。

许家印在这块地上开发的金碧花园以2 500元/平方米的价格开卖。由于价格低,金碧花园成为当年海珠区销售最好的楼盘之一。有业界人士保守估计,一个金碧花园让许家印有了五六亿的进账。这也是他的第一桶金。他还创下了包括金碧花园、金碧华府、金碧御水山庄、金碧湾等13个楼盘同期开发的惊人纪录,创下了房地产开发的奇迹。1999年许家印的恒大集团位居广州房地产企业综合实力30强第七名,完成这一切只用了一年半的时间。

许家印后来创业经历让人瞠目,仅仅利用10年时间将一家名不见经传的企业发展成为拥有包括上市公司“恒大地产”在内的十多家下属企业的集团公司,并一举成为广州市十大投资集团前茅企业、中国房地产百强企业,并一举荣登“中国企业500强”的金榜。

许家印名言

我的理念就是要员工艰苦创业,当然这个条件也不艰苦。我的面子不值钱,别人说你好又怎么样,不好又怎么样?别人说恒大都没有自己的写字楼,没有就没有吧。

金碧花园首期销售额8000多万,一下子就彻底解决了恒大现金流的问题。金碧花园的成功是恒大发展关键的一步。

多年后,许家印话当年,说金碧花园的实践让他明白:无论何时,企业运作最重要的问题就是现金流,尤其是刚起步阶段。或许这个

信念,是许家印在恒大此后的几次资金危机中得以脱身的根基。例如,大刀阔斧降价、敢于引进战略合作者;2006年A股高潮伊始出让绿景地产,而后又筹划香港上市,均是此哲学的继续。

许家印只想一点:机会不抓住,过去了就过去了。

第三节　高速发展时期的智慧

意识的转变

接下来恒大的运转就自然而然转入了高速奔跑阶段。当时广州有1 600多家房地产公司。而恒大成立的时候,绝大部分公司都是在90年代初成立,比恒大要早五六年。恒大采取的是在广州快马圈地的策略。到了1999年,仅仅用3年时间,恒大就进入了30强的第7位,到了2004年,恒大进入中国百强房企前十,并于2004、2005、2006年,连续三年时间蝉联前十强。

了解恒大的人都知道,2004年对恒大而言是个分水岭：在此之前,恒大是以规模取胜,之后度过资本原始积累的初创阶段后,恒大开始走“规模+品牌”路线。2004年后,恒大逐渐开始从产品上进行改革:金碧花园四期设计完后,他把全体员工拉到现场开会,许家印高呼“从今以后,公司都要宣传打造精品,创立品牌的口号”。

许家印首先动刀的是样板房，装修标准从最初金碧花园的每平方米400元一直提高到今天的2000元、3000元。

许称之为“意识的转变”,不管是中端还是高端产品,只要楼盘素质好,投入产出比就会高。于是再后来就有了如今媒体圈熟知的恒大精品战略:恒大在全国中高端产品有恒大城、恒大绿洲,高端产品有恒大华府,旅游地产则有恒大金碧天下。目前,在恒大5000多万平方米的土地储备中,中端产品占到60%,中高端占25%左右,高端占10%左右。

危机之下应变术

当然,恒大也无法逃避2008年金融危机的第一个寒冬。当时恒大全国有32个楼盘、906万平方米在建，加上大规模拿地,100多亿的资金缺口对企业而言影响非常大。

地产圈有时是充满戏剧性的。每一个潮流过去,有人说最艰难的时候已经过去了；有人说最艰难的时候才刚刚开始。在2007、2008年最难熬的那段时间内,许家印一方面重拾薄利多销的发家之本，全国几十个楼盘搞联动促销，快速回笼了海量资金,一方面与国际投行、香港富豪秘签融资协议,尽管条件苛刻甚至凶险,但毕竟帮助恒大熬过一个最艰难的地产寒冬。

> **许家印名言**
>
> 恒大的品牌已深入人心，我们的球队也要如此。用名声、技术以及拼搏精神让人尊敬,再加上低调、谦虚,逐渐树立起我们的形象。现在我都不关心集团每天卖出多少个亿了,改看足球了,一定要站在支持中国足球事业发展的高度来发展俱乐部。

回顾近几年的发展史，我们又不难发现

一个新的规律:从2007年开始,恒大对外的合作伙伴必然是名牌企业与行业龙头企业,而高速发展的规模不变之下,恒大的资金流产生了很微妙的变化,可以说是裂变:2006—2007年,恒大引进淡马锡基金、德意志银行和美林银行作为战略股东,同时引进4亿美元,并在当年美国的次贷危机半个月后还发了5亿美元债券。可以说,恒大的发展关键时期一个是借助于这两年的资本运作,一个是恒大全国规划战略,按部就班地实施,并在2007年显现效果。也难怪许家印说,目前恒大的优势不在于严格的管理体系,不在于独裁,而在于资源整合。

当下恒大已经走到第四个发展目标:走向国际,跨越发展。这个公司从2006年开始用一年半的时间,从广州走向了全国23个城市,而万科用了10年时间扩展了29个城市。

第四节　恒大地产集团

集团简介

恒大地产集团是中国具领导地位的大型住宅物业开发商,连续四年荣登中国房地产企业十强。恒大在地产中国网举办的红榜评选活动中,两次上榜。2011年被评为最顺势超越的领军企业;2010年被评为最具市场应变力的地产企业。拥有中国一级资质的房地产开发企业、中国甲级资质的建筑设计规划研究院、中国一级资质的建筑施工公司、中国一级资质的物业管理公司。为中国最具影响力的房地产企业之一。

业务范围

目前,公司在舞钢、广州、天津、重庆、济南、郑州、武汉、成都、南京、西安、沈阳、长沙、太原、昆明、兰州、乌鲁木齐、合肥等全国24个主要城市拥有恒大华府、恒大名都、恒大城、恒大绿洲、恒大金碧天下等系列项目54个,覆盖高端、中端及中高端、旅游地产等多个产品系列。

集团荣誉

恒大在地产中国网举办的红榜评选活动中,两次上榜。2011年被评为最顺势超越的领军企业;2010年被评为最具市场应变力的地产企业。上榜理由:这家企业于2011年7月调整销售均价,并以主要布局二三线城市、以首次置业的刚需产品为主导等策略跑赢市场,提前两月完成全年700亿的销售目标,问鼎行业销售额亚军,论销售面积则雄冠同业。超强的成本控制能力令其有价格灵活制胜空间,而顺应市场、顺应政策导向是恒大实现稳定高增长的秘诀。

第九章　红顶商人领航绿地

人物传奇

高中毕业后，张玉良回家务农，两年后，张玉良就当上了村支部书记，当时他只有25岁。36岁时张玉良离开了上海市农委住宅办的“官场”，进入了作为绿地集团前身的上海绿地开发总公司的“商场”。从此，张玉良这位与众不同的“良金美玉”开始了上海滩新的商业神话重塑之路。用14年时间把一个从2 000万元起步的企业发展到如今总资产过200亿元的综合性商业王国。张玉良的人生成长历程和绿地集团的发展之路一样，都颇具几份传奇。

第一节　人物解读

个人简介

张玉良，男，1956年12月生于上海市，高级经济师，现任绿地控股集团有限公司董事长、总裁。作为一家国企的老总，他很低调。低调做人，或许你看不见他在微博上吐槽；高调做事，绿地是第一家闯入世界500强的中国房地产企业。

个人履历

1986年6月至1992年5月，张玉良在上海市人民政府农业委员会综合计划处、人事处、住宅建设办公室任职。1992年5月起，张玉良领衔创建上

海绿地（集团）有限公司，任董事长、总裁至今。

他的朋友说，他是一个不太像上海人的上海人，一个高明但不精明的生意人，一个极其有执行力的国企背景的老总，一个极其善用社会资源的人。他坚持“为百姓营造美好生活”的企业宗旨，以房养绿，以绿促房。在上海无偿投资建成了265公顷公共绿地，同时真心回报社会。

公司成立14年来，他带领企业团队把绿地集团打造成中国企业500强和上海市百强企业。他坚持“为百姓营造美好生活”的企业宗旨，以房养绿，以绿促房。在上海无偿投资建成了265公顷公共绿地，同时真心回报社会。热心于公益事业，设立了多个帮困、助学、再就业基金，还援建了多所希望小学，从2001年起，他又带领绿地集团融入全国，服务全国，为所到之处带去新的开发和居住理念，改变城区面貌，提供就业岗位，使绿地集团逐步成为全国品牌企业。在新世纪，新阶段，绿地集团向着世界500强进军。

第二节　能屈能伸的上海男人

抠门的上海“小男人”

张玉良的身上带有明显“上海小男人”的特点。简而言之，就是“抠门”。与SOHO潘石屹、万通冯仑等地产大佬一样，张玉良也是“92派”之一。受到1992年邓小平“南方谈话”的影响，是较早下海经商的政府官员。

为了寻求新的机制，张玉良毅然放弃铁饭碗下海。拿着政府出资

的2000万元，他创建了绿地总公司，也就是绿地集团的前身。后来绿地在艰难中完成了股份制改造。

从体制内突然到体制外，能不能做成事，一切都是未知数。股东、前同事、家人、朋友、社会，所有的目光都盯着张玉良。我们可以想象在创业之际，在微笑的面容背后，当年的张玉良承受了多大的压力。

张玉良感悟

一线城市房价会下调，房价回归合理需要两三年。回调我想应该有个时间段，不是说今年，即刻回调，它可能需要两年、三年一个合理的回归。

张玉良坦言："从机关下海做企业后，觉得特别难。以前领导怎么安排怎么做，不安排不做的也没错。到了企业完全不一样。"

政府的想法能否实现？绿地能否活下来？绿地的明天到底在哪里？这些问题无时无刻不在拷问着张玉良。

他的老部下张一民见证了所谓的"特别难"。对过去的困难的情境，他记得特别清楚："我刚来的时候，编制岗位工资都没有，大家都拿临时津贴；张总和几个副总挤在一间办公室里；只有两辆桑塔纳，还是租来的；没有电话……"

就在这样艰苦的条件下，张玉良带着他的团队硬是杀出了一条血路。他虽然不是财务出身，但最清楚每一分钱都要最大效率周转。张一民透露，"当时我们私下里排队，一块铜板当两块用的是谁，当三块用的是谁，当四块用的是谁，结果大家一致认为，张总掰得最碎！"

后来成长为集团分管财务及商业和酒店两大板块业务的执行副总裁张蕴，初入绿地时还是个20

多岁的小姑娘。她回忆说:“那时候条件很艰苦,大家都很节约,项目前期申报要有地形图,复印机只有A_3纸,要几张拼在一起,我们经常趴在地上一张张图纸对准粘起来,浪费一张都心疼。”

张玉良的“小气”就这样一直延续了下去。2004年,绿地开始启动位于昆山花桥一个建筑面积800万平方米的项目,事业部请来十几位专家和领导开了一天多的评审会,给每个人送了700元劳务费。

张玉良得知后只说了一句话:“丢了绿地的脸!”说完扭头就走。在张玉良的潜意识里,绿地有实力,不需要靠给专家和领导塞红包,来博取机会。

这些看上去小气的举动,让绿地在这个最容易出事的行业里,能够明哲保身,置身是非之外。

“小男人”的韧性

刚创业那会儿,张玉良还得去农委系统开会。一般他会找个靠边的地方坐下来,静静领会领导的讲话精神。其时,有人揣测:“这大概是个科级公司吧。”

张玉良的后脖立马浮上了一丝凉意,一种从未体验过的身份落差感袭来。原来熟悉的机关同事,一转眼竟成了自己需要央求的对象。但他随即意识到自己必须调整性格。他对身边的人说:“龙门要跳,狗洞要钻。”

据他的一位老同事后来回忆,有一次他与张玉良晚上厚着脸皮去一位领导家里等人,很晚了领导还没回来。结果张玉良没话找话,跟人家拉家常,死磨硬泡。“我都觉得有些难为情,但他坐得住!”

> **张玉良感悟**
>
> 保障房建设增量应以30%为上限,它的增长我认为首先,它到了一定的度就不应该增长了,比如到了30%那我认为,它除了补前几年的类似欠账以外,后面就不应该再补。

尽管绿地在完成股份制改革后,仍由国有股东控股,仍然算是国企,但在与政府打交道时,张玉良还是得“狗洞也钻”。

如今,张玉良已经与环境磨合得几乎水乳交

融了。他常常给人以谦逊与温和的印象,极易给对方好感。

有人曾经这样评价他:“张玉良几乎没有性格。他与国企打交道是一个面孔,与政府打交道是一个面孔,与国际公司打交道是一个面孔,与民企打交道是一个面孔。”为了企业,他几乎可以做任何事情,可以委曲求全。他的身段非常柔软,如果他不柔软,也许早就被碾碎了。这种性格的练就,让张玉良在商场与官场之间游刃有余。当然,光“做政府想做的事”是不够的,还要“做市场需要的事”。张玉良清醒地认识到了这一点。

对于市场的清醒认识与形势的准确判断,让绿地在一次又一次的房地产调控中,及时调整步伐,抢得先机。

“小男人”的狼性

创业之初,令张玉良最为烦恼的事是——招人难。一来绿地没什么吸引力,二来他想招揽的很多人依然在体制里。而在绿地几乎一无所有的情况下,要让人才心甘情愿加入,这对领导者的个人魅力提出了更高的要求。

作为企业的领头羊,张玉良是个不折不扣的工作狂。集团年轻的执行副总裁胡京深有感触地说:“每个时间段都会接到他的电话，星期天无论是在超市买东西,还是带着小孩在公园里玩,随时待命。”

胡京对张玉良的这种几近疯狂与苛刻的举动,曾难以理解。“以前我不理解,现在理解了。作为企业的领导人,必须玩儿命工作。那些成功企业家最核心的特质不仅是智慧,也不仅是才华,还有热情、执著和勤奋。”

在张玉良心中,努力工作没有尽头。他给自己定了个规矩:如果不是非常必要,到任何城市出差都当天返回上海。据说他的汽车后备箱里总是摆着一双工地靴,常常一下飞机就直奔项目所在地,没多久鞋子就要换一双。

“小男人”的大智慧

在绿地集团20周年庆典上,张玉良悄然坐在了前排最靠边的位置上,周围是各省市地方政府领导。作为一家国企背景的老总,与任志强、潘石屹等地产界的大腕相比,张玉良显得尤为低调。

《财富》500强最新榜单里,绿地集团的名字赫然在列。留给人们一道思考题是:为什么上海的绿地会早于深圳万科踏入世界500强的大门？然而无论最终答案是什么，这一切都与绿地的创始人张玉良分不开。

如何才能让绿地有更好的发展，张玉良拎得很清。他曾对媒体表示:“你在这个社会上做事,一定要成为当时的社会主流,那样你才有环境、才有机会。因为那是一股推导力，你要实现自己的价值必须借助这

> **张玉良感悟**
>
> 房产税应以抑制投资投机为目的,为了控制房价,以此投资投机,保障正常的需要,我认为应该做。同时,我觉得他也会替代我们国家现在在限购的政策,我拿房产税来解决你投资投机的问题。
>
> 要下降地价促使房价回调,当整个市场都在调整这个阶段,目前,下降地价来促使房价合理回调,我相信是一个明智的做法,而且是有空间。

种力量，要不你就没有舞台。”

多年后，一位与绿地有合作的民营家具企业老总曾经向张玉良感慨说：“现在民营企业越来越像国有企业，国有企业反倒像民营企业了。我们公司星期五下午基本上就找不到人了，双休日从不办公。我想不明白，你们国企那么卖命干什么？”

张玉良没有正面回答过这个问题。他用行动说明了一切。如今，张玉良干起活儿来仍然是不要命，因为他背负着重任。

第三节　红顶商人如何做企业

最懂政府的商人

9月21日，由绿地开发建设的上海市大型居住社区嘉定城北站经济适用房项目正式启动，这是上海今年保障房建设计划新一轮选址基地中第一个启动的项目。至此，绿地仅在上海地区保障房项目投资已逾100亿元，规划建筑面积近200万平方米。

项目启动仪式前的间隙，张玉良接受了时代周报的采访。有多年政府工作经历的张玉良，一直保持着对国家政策的高度敏锐性。将绿地的发展战略同国家大政方针紧密结合，是张玉良一贯的经营思路。

“我们是最懂政府的开发商。整个中央和地方政府对保障性住房的重视度不断加强，我们要跟着政府导向。今后保障性住房建设会逐步加大。今年绿地在全国建设的保障性住房和中低价房占30%左右，商业地产占30%多，剩下30%多是住宅。我们始终要按着政府的需求，当时市场的需

> **张玉良感悟**
>
> 房产企业从报表上看不到暴利，如果你看看内部报表的话，你就不会觉得它暴利了。所谓暴利就是某些项目，确实也有，但是它是各种因素产生的，各种因素使它产生了比较好的利润。

求，当地百姓的需求来发展。”张玉良称，“在中国，必须要按照这种导向，熟悉政府的模式，政府需要什么，但更要讲究市场。”

胡雪岩和印尼华侨林绍良是张玉良非常推崇的两个人物，他们都与政府有着极好的关系，胡雪岩给朝廷运大米、购药品，林绍良给政府种橡胶、节约外汇。而绿地，每年投入大量的资金参与旧城区改造，进行大规模的公共绿地建设，强调中低价房的建设等与政策导向十分契合的动作。这一系列运作给绿地带来了较好的经济效益，赢得了良好的社会美誉，获得政府的优惠政策，建立并巩固了绿地集团的品牌。

2001年，绿地进入上海地产前三名，同时也制定了全国化发展战略。绿地先后在南昌开发了梵顿公馆、中央广场、枫丹白露等住宅或商用项目。

2009年6月开工的南昌中央广场，江西省委书记到场宣布项目开工，数位省委常委、上海市人大常委会副主任分别致辞。张玉良对此非常自豪。

2009年，绿地已进入全国21个省市38个城市，经营收入超过745.32亿元。

“做企业是需要赌的”

张玉良曾说过：“做企业是需要赌的。”经历过地产界的大起大落，张玉良对“赌”有着自己的理解。

2004年，当其他房企选择收缩战略时，绿地却开始了更为迅速的全国扩张。“当时我想，这下完了。”张玉良承认自己在当年四五月份确实有点慌。但事实上，绿地不仅没有“完了”，机会似乎更多更好。“对任何一个企业来说，宏观调控都是一种机会。”张玉良发现，宏观调控使许多实力不强操作不规范的中小企业被迫退出市场，大企业的优势开始凸显。

张玉良向时代周报记者表示,“激进是要有底气、能力匹配的激进,不是没有把握的激进。”19亿元拿济南8地块、25.8亿元拍下北京大望京地王、60亿元打造郑州中国最高双子塔、300亿元投建武汉金融城……即便在宏观调控的形势下,绿地全国拿地扩张的步伐也从未减缓。目前,绿地集团在建面积超过2 200万平方米,全面新开工面积预计达1 400万平方米。

张玉良认为绿地的扩张是高效稳健型的扩张,“所谓高效,一定要扁平化,大胆授权给第一线,下面团队要高效。但始终坚持两个可控;第一,发展的速度与支撑的能力、财力可控;第二,发展的团队力量可控,即人力资源可控。”

新沪商的精明

早在2005年,绿地集团总裁张玉良就野心勃勃地明确提出要做世界500强。张玉良认为,“过去其他国家没有的,不代表中国没有,中国房地产

行业完全有可能出一个世界500强。”

如今这个目标触手可及,“今年绿地的能源完成500亿，房地产完成700亿,总共1200亿。已经形成以房地产和能源为主的、主业突出的综合性集团。明年房地产大概完成1 000亿,其他的600亿—700亿。明年进入世界500强没有悬念。”张玉良两眼笑眯眯地告诉《时代周报》记者。

有人将张玉良的成功归功于官商背景，但很少有官商背景的企业家能发挥到如此极致。

2008年,绿地集团明确将能源作为2005年以来一直探索的第二主业。在张玉良看来，仅靠一个产业做到营收500亿元甚至1 000亿元的企业稳定性很差,受市场波动影响大,必须找到一个能与之相平衡的产业使企业“两轮驱动”。

绿地在上海一直有煤炭贸易,规模不大,但有分销、物流基础。当张玉良得知中煤能源集团在为扩大产能寻找出路时,果断地于去年5月,与中煤确认签署框架性战略协议,在上海建设煤炭分销储备煤基地。该基地有望实现年千万吨级的吞吐量,大约为上海年煤炭消耗量的10%。

张玉良看准了市场机遇,我们两家是“闪电恋爱”,紧接着“闪电领证”。接下来是如何尽快落实投产。

绿地的发展,一直得到银行资金的有力支持,同时,绿地也为一些项目做了信托,或引入海外资本。通过资本市场直接融资,也是张玉良一直在筹谋的重大事项。

此前，因为发行议价低于资产净值,绿地放弃了发行基金进行融资。由于考虑各种成本大、时机不成熟,绿地的IPO(首次公开募股)一直未能成行,精打会算的张玉良一定要为绿地上市等到理想的价格。

“上市的事情,我们还在继续稳步推进,会按照需要来做,并不急于一定要在某个时

> **“毒地板事件”**
>
> 因监控不到位，你比如毒地板的问题,我认为首先我们的相应供应链、供应商,应该要合格,它不合格你自然就不合格,需要行业严格的监管。第二,你对它的监控要比较到位,你监控不到位,你也有责任。

间上市。”张玉良告诉时代周报记者。

第四节　上海绿地集团

集团简介

绿地集团是上海市国有控股特大型企业集团，成立于1992年7月18日。创立20年来，绿地集团始终坚持“绿地，让生活更美好”的企业宗旨，做政府所想、为市场所需，通过产业经营与资本经营并举发展，已形成目前“房地产主业突出，能源、金融等相关产业并举发展”的产业布局，在2011中国企业500强中位列第87位，在以房地产为主业的企业集团中排名第1位，在上海市属企业集团中排名第3位。

房地产开发经营作为绿地集团的核心主导产业，项目遍及上海、北京、天津、重庆、广州、南京、济南、合肥、南昌、苏州、武汉、长沙、郑州、成都、贵阳、西安、乌鲁木齐、银川、呼和浩特、太原、沈阳、长春、哈尔滨等全国24个省近60座城市，开发规模、产品类型、品质品牌均处于全国领先地位，特别在超高层、大型城市综合体、高铁站商务区等领域遥遥领先，目前建成和在建超高层城市地标建筑达15幢，其中3幢位列世界排名前十。

绿地集团已制订了五年发展规划，在今年迈入世界企业500强行列后，力争到2015年成为一家国际知名、实力雄厚、管理科学，跨国界、跨行业经营，具有世界级规模、运营管理水平、品牌影响力和可持续发展力的特大型企业集团，实现业务经营收入超过5 000亿元，跻身世界企业200强。

脱颖而出的特色做法

房地产市场的竞争日趋激烈，绿地为何能在激烈的市场竞争中脱颖而出，绿地集团的三项基本做法具有特色：

一是以市场为导向，深入研究市场趋势，贴近市场发展脉络，根据市场的需求进行战略决策、产品定位。

二是建立起一支优秀的员工队伍，并按照集团的发展战略对员工队伍进行不断优化，保证了集团决策层的各项重大决策能够有效实施。

三是企业经济实力强，品牌形象好，在大规模连续滚动开发大型房地产项目的过程中能够运作自如，得心应手。使命驱使尽心与尽力。张玉良谈到，绿地集团在十年来的房地产开发经营历程中，始终秉承“绿化城市、美化环境、造福人民”的宗旨，尤其是在上世纪九十年代，绿地集团在房地产市场疲软、前景不是很明朗的情况之下，冒着较大的经济风险，以社会效益为重，毅然投资改造了上海市长宁区周桥、池东和普陀区顺义村、同乐村等大面积的危棚简屋地区，为数万上海普通百姓造就全新的家。

工作理念

睿智进取，激情坚韧；团结实干，忠诚奉献，倡导员工“做正确的事，正确地做事”，始终保持创业的激情和工作的快乐。勇于反省，坚忍不拔，不断实现自我完善和提升。忠于绿地事业，建立企业共同的情感、责任和追求。

在进行房地产开发的同时，面对城市绿化的巨大缺乏，绿地集团毅然无偿投资，新建城市公共绿地，其中众多的是能够代表上海城市形象的作品：浦东陆家嘴中心绿地、外滩滨江绿化带、上海体育场环境绿化、延安西路、江苏路绿地广场绿化、南京西路街头绿地、虹桥机场停机坪草坪等。如今沿着上海的干道，每隔数分钟就能看到绿地集团的公园作品，这是绿地集团对1 300万上海市民的责任，也是绿地十年如一日，“做一个有责任的发展商”的不懈追求。众多的上海市民追随绿地买房置业，并将“绿地”列为上海首批房地产著名商标，这是购房者对绿地这些不懈奉献者的无比信任。

“绿地的理念，就是做政府想做的事，做市场需要的事。”这是绿地集团董事长张玉良常挂嘴边的一句话。也基于此，绿地形成了其商业模式的核心，从大规模建造住宅片区，到深度参与保障房建设，再到转型商业地产并以超高层建筑为明星产品，绿地似乎总能让地方政府深为认同、盛情相迎。

第十章　打造中国地产界的劳斯莱斯

人物传奇

你可以不把他当成一个纯粹的商人，至少他的第一目标不是为了钱，品质是他的第一要求；你可以将他称为一个建筑大师，这个头衔更让他沉醉，在他的眼中，那些廊，那些柱，那些花草，不是商品，不是产品，是一个个精确的作品，甚至艺术品；你也可以将他当成一个深谙生活艺术的大师，不只是他注重对自己的身体的爱护，更重要的是他懂得爱惜自己，尊重身体，尊重对自己的承诺。说到底，他是一个理想的完美主义者，他有着自己生活和经营之道，那就是黄文仔尺度。

第一节　人物解读

个人简介

黄文仔，男，汉族，1953年7月出生，广东番禺人，现任广州宏宇集团有限公司董事长。1993年创办广州市宏宇集团，主要从事商贸活动、房地产开发、物业管理、工业制造业及教育事业，目前拥有国内外企业十多家，职工2 000多人。

集团连续多年被评为纳税大户和“重合同、守信用”单位，2002年7月和2003年2月分别被广州市委、市政府和广东省政府授予“优秀民营企业”称号。2006年排名123名；2007胡润房地产富豪榜17名；2007胡润百富榜：第25名。

个人荣誉

1995年9月,广州市政府授予他为广州市第二届“民族团结进步奖”先进个人。

1997年5月,他又被市政府授予为广州地区先进劳动工作者和广州市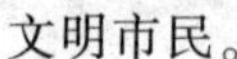文明市民。

1998年6月,被广东省光彩事业促进会授予光彩事业“荣誉奖”;

1998年被广东省工商联、广东省总商会评为先进会员;

1999年6月,被中共海珠区委、海珠区人民政府授予“杰出民营企业家”光荣称号;

2002年深圳住交会获得“中国房地产十大风云人物”称号。并先后任全国政协委员、广东省工商联副会长、广东省私营商会常务副会长、广东海外联谊会副会长、广州市政协常委、广州市工商联副会长、广州市私营商会主席、广州市海珠区政协副主席、番禺区政协委员、番禺区民营工业协会主席等职务。

第二节　做受人尊敬的企业

致富简史

1982年,黄文仔从食品站站长岗位下海,开始做钢材生意。1984年在很多人梦想成为万元户的时候,他已经成为“百万元户”。到1994年,黄文

仔做了整整12年的钢材贸易，顺利完成了原始积累。有人说他卖过木材，甚至更有小道消息称他还在街头卖过猪肉。12年国内外商界的闯荡，黄文仔增进了对商业的理解，也为他日后进军房地产业埋下了伏笔。

黄文仔名言

现在某些城市有多少垃圾建筑，有些是没到10年就都要拆，没拆的部分都想拆它。它真的是太对不起社会、公众了。

作为发展商，要为历史负责任。今天赚了花不完的钱，留下来的不是你赚了多少钱，最重要的应该是将来留下来多少口碑。

1994年6月，黄文仔创立了广州宏宇企业集团，开始进入房地产开发。用黄文仔自己的话说，贸易这个“90年代前最好的行业”，其前途已经不能满足自己对事业的定位。为了寻求更大的事业发挥空间，黄文仔开始做实业，其产业分布于房地产下游的木材加工和房地产开发。

1996年，黄文仔在广州房地产业中初试啼声，建筑面积20多万平方米的宏宇广场正式推向市场。最终，宏宇广场一鸣惊人，成为宝岗大道上最引人注目的明星楼盘。

对此，黄文仔并不满足。他的评价是：宏宇广场不错，但我不满意。

地产界的劳斯莱斯

广州星河湾是黄文仔人生和事业的转折点。

黄文仔是广州第一批买别墅的人，在做广州星河湾之前，别墅已经有五、六间。然而，别墅住了不到10年，水管断裂、栏杆移位、楼顶下榻，房子的质量问题层出不穷。或许正是这些不愉快的居住经历，让他将星河湾作为自己居住理想的一种表达，立志将星河湾打造成为“地产界的劳斯莱斯”。

2000年8月，广州星河湾打下第一根桩。然而，万事开头难。华南板块此时正值“诸侯”纷争，烽烟四起，星河湾东面有华南新城，南面有雅居乐，南国奥园、锦绣湘江、丽江花园、碧桂园，形成包围之势。华南板块群雄逐鹿，星河湾似乎四面楚歌，大战一触即发。

产品差异化、定位差异化，是黄文仔寻求竞争突破的引爆点；客户至上、换位思考，是黄文仔掀起居住革命的起点。他不断寻访国内外优秀项目，最好的项目要拜访四五次，力求研究深、研究透。黄文仔集中精力、人力、物力、财力，要将星河湾做到最好。他坦陈：我没想到要赚多少钱，只是想尽一切办法把它做好。

2001年4月28日，广州星河湾一期开盘，由国际大师定造的交楼标准在华南楼市掀起了巨大的冲击波，星河湾由此一炮而红并奠定了在业内的强势地位。

星河湾一期成功的时候，黄文仔就跟同事喊出一个口号：星河湾的品牌值20个亿。当时没人敢相信；现在，你给他100亿，他都不会卖。

上海情结

2001年广州，2004年北京，黄文仔步步为营，将星河湾一路打造成为中国第一高端住宅品牌。2006年，星河湾来到上海浦东。

说起浦东星河湾，黄文仔笑谈起自己的上海情结。为什么星河湾要进入上海？因为上海曾经在他事业的起步阶段发挥了很重要的作用。1990–1994年做钢材贸易期间，他有五分之二的时间在上海，一个月飞上海两三次。到2006年，他终于有机会将星河湾带到上海。

其实，在浦东星河湾所在的花木新民住宅地块之前，黄文仔已经在上海看了4块土地，但是他不满意。他

说，“我来上海不纯粹是为了赚钱，如果我们没有把握做很好的产品出来，我不会要的，也不会进来上海。没面子进来！”2006年花木新民地块开标，黄文仔终于行动了。投标前，黄文仔已将这里用自己的脚丈量了11次。在办公桌前，在心里，他不停地盘算，亲自作规划设计，最终将地块收入囊中，一偿夙愿。

关于浦东星河湾，黄文仔不肯过多地透露，而是讲了一个故事。在广州星河湾一期的时候，他曾经一年换了6任物业管理总经理。这些来自五星级酒店、国际机构、高端物业等中国顶级的物业管理者，在黄文仔看来通通不合格。“我为什么要这样做，我说你们做不到我要的东西。实际上，最高的水平是谁去做？我。因为我有的是态度，有的是人性化。我当我是一个业主一样。”“每做一次事，回过头来我们要总结。总结一下我们是不是可以做得更好。如果我们能做得更好的话，下一次我们就要做得更好。”这份心思和态度，让浦东星河湾值得我们期待。

用心做用心想

黄文仔的口头禅是“用心”,“很用心地去做,很用心地去想”。他在说这两个字的时候很用力,让人有种肃然起敬的感觉。

用心的背后,是黄文仔的一个心思:做一个受人尊敬的地产公司。“星河湾一定要做到,我们所有的同事,和在星河湾做过的人出去都受人尊敬。因为他们都是最棒的,他们都一起参与了星河湾,不管是在星河湾里面做销售、做工程,做任何一个岗位他们都非常认真。”

黄文仔做到了,而这是他最快乐的事。

星河湾的员工是猎头们竞相追逐的对象,黄文仔整天批评的员工,是猎头心里的宝贝。当然,这些员工也是他心中的宝贝,但他对人要求标准之高还是让人难以想象。“有时候,(员工)做好也要批评,因为他没做得更好。”与房地产相关的上下游企业更是想尽办法要打进星河湾。在意大利米兰的家具、电器博览会,黄文仔是这些欧洲老板最想拥抱的人。有些老板甚至专门搭飞机过来接待他,是因为他是这些老板最优质的客户。某国著名公司甚至在刊登的广告中称:“星河湾使用的是我们的电机。”星河湾的品牌含金量可见一斑。

“有些开发商不敢去他做的楼盘,更不敢住进去”。但在星河湾的会所、社区、嘉年华,黄文仔是业主最尊敬的人。业主的尊重是黄文仔的“用心”换来的。这些满足感、舒适感和心中的甘甜是“用10亿、100亿买不来的”。对他来说,比金钱更重要的,是客户给予的信任;比奖杯更重要的,是客户满足的目光。

黄文仔名言

我要求很严的,我们企业要求很严的。能力、水平、品位没提上去,见到什么都好;要求高了,眼界开了,你看什么都不顺眼。

星河湾十年,培养了很多“河粉”。很多客户,跟着星河湾买房子,跟着黄文仔三个字买房子。

浦东星河湾也是如此。不过,现在黄文仔担心的是,浦东星河湾的推盘量并不能满足客

户的需求。这次,不是客户挑房子,而是房子在挑客户。

这也是黄文仔幸福的烦恼。

第三节　黄文仔尺度与星河湾

标准的尺度

什么是黄文仔的标准尺度呢？说到星河湾的标准,说到好楼的标准,他有着著名的“黄文仔五把尺子”的论述,在北京星河湾的奠基仪式上,他这样说,“在北京星河湾的建设过程中,我随时随地用这样几把尺子要求每个环节。第一把尺子:超越销售,卖得好只是及格,只是最基本的东西;第二把尺子是超越行业标准,要比同行做得好,做得精;第三把尺子是超越专业,让专家认同,每一个细节都经得起专家的检验,并且超过专业标准、行业和专业这两把尺子,保证我们站得住脚,立于不败之地。第四把尺子是业主住得好,并且增值,这就是超越居住需求,超越价格,给业主意外的惊喜,让他们感受到与其他楼盘不同的享受,让他们购买的物业不断增值。第五把尺子,在我心里,超越自我，做一个让自己满意的项目，做一个让自己有生以来毫无愧色地感到骄傲的项目。超越销售、超越同行、超越专业,超值,超越自我，这是宏宇集团衡量星河湾建设每一个环节和细节的标准。”

注重原则

黄文仔追求产品的品质，也追求生活的品质，生活非常有规律。他非常喜欢打网球，据说可以跟专业运动员来过几招。周二、周五晚上8点都是他打球的时间，雷打不动。欧盟主席桑特来华期间参观星河湾，当黄文仔陪其共进晚餐至八点时，略带歉意却很坚定地对桑特说："对不起，打网球的时间到了，请见谅。"对权贵依然如此。

星河湾到底是一件"商品"，还是一件"产品"，或者是一件"作品"，只有黄文仔知道。今天看到的星河湾，只能看到这"五把尺子"所带来的成果，而并不能看到这"五把尺子"和它们所控制的过程——而这恰恰是星河湾形成的秘密所在！

在这"五把尺子"的排序中，让市场满意被放在了第一条，但这并不意味着它最重要，用黄文仔的话说这"只是最基本的东西"。在他看来，卖得好也只是及格。可见，在黄文仔的概念中，这"五把尺子"是一个逐次升级的过程。而其中最高一级的是什么呢？是自己认不认同。

黄文仔知道自己要什么，这个星河湾，是，而且一定是黄文仔心目中一个长久以来的梦想，这个梦想的产生与黄文仔诸多的生活经历有关——比如他身上所拥有的意大利血统带给他的艺术气质，做装修工程管理时的空间体验，再加上他较早以前就成立了装饰材料工厂，使他很早就拥有的对品质的追求。

这种梦想的产生有它多方面的因素，但有一点是可以肯定的，当这个梦想产生以后，它支配了黄文仔——不夸张地说，打造星河湾本身，绝对不是黄文仔本人生存或者发展的需要，也由是可以明白，缘何对他的尊敬不只在于财富的多寡。

黄文仔早年是一个商人，当他靠钢材贸易起家的时候，他是一个极其优秀的商人，今

天当他顷尽全力去打造星河湾的时候，在这个过程中他不再是一个商人，或者说首先不是一个商人，他变成了一个带着一个梦想而执着前行的追梦人！

这种叫作星河湾的梦想，极为强势地支配着黄文仔的行为取向，使得黄文仔在整个开发过程中，表现出许多非商人的行为——商人要算账的，时时处处都是要算账的，在星河湾打造过程中，黄文仔是不算账的；在打造细节时，他更关心的绝对为一个细节所有付出的性价比，而是这个细节是否达到了他心目中的要求！

不算小账的结局，反让他算了大账，在一篇《一个发展商和他的"梦工厂"》中是这样描述黄的："与其说他是在打造一个社区，不如说是在用毕生的情感和心血去描绘一幅心中珍藏已久的画卷。没有人真正知道这幅画的意境和韵味，甚至对于他自己来说，都注定是一场漫长的求索。他固执己见，甚至不愿听人说如今买家们喜欢这个，潮流兴那个——他完全按照自己内心对一种高尚生活的理解和领悟去打造他的楼盘。当他把这种理解和领悟再现得淋漓尽致时，人们发现，生活原来可以这样优雅，居住原来可以这样美丽。人们发现，这就是我想要的。"

过程星河湾

这种执着追求的结果，是星河湾的期期热销，甚至在星河湾最新一期的新作价位大幅上调时依然如此。

这一切看上去似乎倒不是黄文仔所刻意追求的，他所关心的还是他心目中的标准——看上去，黄文仔倒不是特别满意呢，黄文仔曾多次说过这样一句话："看看星河湾一期、二期中的有些地方，我恨不能狠狠抽自己几个耳光！"为什么呢？因为这其中还有些东西让他自

> **星河湾趣闻**
>
> 星河湾的一草一木据说是出自国际知名的贝尔高林公司之手，星河湾也是该公司在中国设计的最好项目。据说有个老板看了星河湾后，对部下大发雷霆，说贝尔高林是他们第一个引进中国的，但同样是贝尔高林的设计，为什么做不出星河湾的味道？黄文仔对这个故事一笑了之："对部下发威没有用，你问他每周下几次工地？"

己不满意，而且是太不满意，正是这种不满意才成就了今天的星河湾。这同时也说明，即便是在黄文仔本人的眼里，星河湾也不是一天造就的，它也历经了一个由不成熟到成熟，黄文仔对它由不满意到有点满意，再到比较满意的过程——这就是所谓的“过程星河湾”的真正内涵！

在开发星河湾之前，宏宇集团曾经开发过两个，可以看作是星河湾奠基之作的楼盘：1996年，宏宇集团的第一个房地产项目“宏宇广场”在海珠区推出。宏宇广场绝对称得上是宏宇集团进军地产业的一块敲门砖。该项目第一期建成后，黄文仔狠狠地批评了同伴一顿，同时也狠狠地自我批评了一番，他对这次出手甚为光火。因为，这次出手没有达到他想要的“黄文仔尺度”。事实上这个项目并非像他所说的那么让人失望。

随后的第二期，黄文仔带领着他的宏宇已经开始寻找最合适的开发路线，整体素质有了明显的提升；到了第三期的“罗马假日”已经充分呈现出经验成熟的大家风范。第三期更于2001年获得国家建设部颁发“居住性能最好楼盘”称号。

回顾星河湾系列的诞生过程，有个很有趣的现象，那就是在黄文仔开发的每一个项目中，客户的满意都比他本人的满意来得要早，这说明，与

大多数开发商不同，黄文仔本人对好房子的意见要远远的高过业主——在同一个时点上，能让广大客户满意的楼盘质量，未必能让黄文仔满意；而能够让黄文仔满意的楼盘，就一定能让客户满意。这也就是“黄文仔尺度”的第一内涵！

系统的尺度

坚持高标准并不意味着一定有一个好的结果，执着只表达了一种想做好的意愿，至于说能不能做好，还需要这个开发商必须具备把一个楼盘做好的修养，这才是能把一个楼盘打造到星河湾标准的能力。这种修养是什么呢？这就是黄文仔的第二点——系统的协调。

如果听黄文仔给你讲一个楼的设计，哪怕是讲到一个细微之处的变更，你会发现，也许在别人眼里是件很小的事，可在黄文仔的眼里那就变成了一件需要仔细琢磨的事情，一件三言两语都说不清的事情。

做过房产开发的人，都会有这样的经验，如果通过设计人员的努力，其中有一个楼的总体面宽扩大了3M，设计者在高兴之余就会考虑这3M的面宽应当放在哪里？是把各个单元的厅做大一些呢？还是把主卧室做大一些呢？但不管怎么样，通常会在平面图上把这个面宽分摊下去也就算了，通常不会在做立面或者剖面上的过多修改。

这几十公分的面宽，如果到了黄文仔的手上，那就变成了一件反复琢磨的事情。他在其中的种种考虑，绝对可以让每一个学建筑学的人，搞建筑设计的人，甚至是搞室内设计的人，望尘莫及。

经营理念

多年来，公司一直根据“敬业、创新、诚信、奉献”的企业经营宗旨，努力回报社会，并积极为贫困地区和灾区提供帮助，带头为新疆和田地区打井捐款；为陆河县和革命老区陆丰市贫困地区修路、建校、建医院；为广东清远扶贫，此外企业还先后捐助希望工程，为广西百色贫困地区捐资建学等等，累计达3 000多万元。

“大户型设计，不是简单地把小户型的图纸放大，而是要通盘考虑人在大空间的居住感受：人大部分时间是在屋子里面，这个时候你坐在室内任何一个角落,从窗户往外看,会看到什么?首先吸引的是室外的园林,还有远处建筑的外形轮廓,这部分大部分豪宅也考虑到了,可以做得很漂亮,还有一个,是你室内的天花,落地玻璃,阳台推拉门的轮廓线,这部分也在你的视线里。而把客厅做到70~80平方米之后,很多问题就出来了:长和宽都加大了,室内层高就不能还维持原来的高度,否则人们感觉上会觉得压抑;面宽增加了,进深加长了,还不能有光线走不进的地方;这么大的空间,往往有中央空调,要给管线风口预留位置,否则装上这些管线后,层高又降低了;一个30~40平方米的空间方方正正还可以说好用,大方,但是一个70~80平方米的空间,如果还是方方正正,除了好用之外,另一个感觉就是呆板,像仓库,这就不是豪气了……

"星座在做室内设计的时候,是从人站在室内的角度,去整体规划视觉效果的,所以层高达到3.15米,可以做出漂亮的层级天花设计,把中央空调管线位置考虑进去,人们还不会觉得空间很压抑;室内几个跳跃台阶

的处理，让阳台比客厅低了30厘米，餐厅比客厅高了30厘米，这样使得人们在视觉上感觉不到一个四四方方的大厅，空间有了立体的变化，起伏。所有这些阳台的落差设计，落地窗帘盒的设计，天花的设计等等，都是一个整体。”

这些字句摘自黄文仔随身的笔记，那种关注细节的做法可见一斑。

投资教育

2000年，宏宇集团响应政府关于教育产业化的方针，为支持教育事业，解决名校学位紧张，亟待扩建扩招问题，一举投资两亿元创办了广州番禺执信中学。学校包括有小学、初中和高中，实行专家办学、专家治校的寄宿管理，可同时容纳3 000名学生，已于2002年正式建成并开学。

华格莱斯的总经理李忠是一个受过建筑学教育的人，在与黄文仔相处的日子中，他发现，在黄文仔的口中，经常自觉不自觉地说到了建筑设计中和室内设计中那些最关键的问题：尺度、比例、心理感受、采光、通风、热环境、空间形状的心理美感等等。

“我所接触的这些知识都是从大学里学来的，在上大学的时候老师就对我们说，建筑学教育，就是要利用五年或者更长的时间，为你们每个人建立一种感觉，让你们在作设计时，每落一笔都能同时考虑上面这些复杂的因素——归根结底，这是个修养问题！”

对建筑设计和室内设计而言，尺度感是这种修养中最重要的一个方面，在这方面每个人的先天素质是不一样的，有些人很敏感，一个房间对他来说高10厘米和矮10厘米的感觉是十分不同的，他可能会觉得矮上10厘米就难以忍受，这种以10厘米计算空间感觉的人，可称为正常人。而有些人，他的感觉精确不到10厘米，很可能会是20厘米，甚至30厘米，这类人肯定不适合学建筑。还有另外一类人，他们却有着天生的精确的尺度

星河湾建筑与园林完美结合

注重住宅建筑与绿地的形式、布局的结合,空间上相互渗透,绿化与建筑互为界面,相互围合,使整个景观流畅圆滑,连绵不断,采用平坡结合、乔灌结合、花草结合的手法营造景观,并从实际出发,最大限度压缩组团内部的道路和硬质铺装面积,扩大绿化面积。

感,他们对于一个房间的尺度差别,几厘米以内都能感觉出来!这样的人,特别适合学建筑学的人,黄文仔就是一个极其适合学建筑学的人。

对于那些有着良好设计感觉的人,即使他不是学建筑学出身的,我们也会认定他是一个优秀的建筑师,这种例子在建筑史上不胜枚举!归根结底,建筑师不是靠学历说话的,建筑师是靠作品说话的——如果一个开发商,在他的眼光把控之下,他的公司能够持续不断的,以高标准推出优质楼盘,那么我们就可以认定,他是一个具备非常好的尺度感的人,一个具有非常好的建筑学修养的人,黄文仔正是这样一个人!

宏宇集团的设计总监陈先生也出身名牌高校的建筑系,而且有着二十多年的设计经验,是一位极其资深的优秀建筑师。他这样评价自己的老板:“他不是一个普通的开发商,而是一位建筑大师、园林大师、规划大师,室内设计大师。我到别的公司做样板房不可能做到这个水平。贝尔高林在中国多少个项目,但哪个也不如星河湾。”

大师和非大师的区别在什么地方呢?任何一个建筑师,在做任何一个作品时,都可能做出一两个亮点,是否有这种亮点并不是大师与非大师的区别。其真正区别在于,在大师的作品中,你绝不会看到有任何一个地方是难看的,一处也不会有!在大师的眼里,这些地方是过不了关的,而星河湾正是这样一个作品。在黄文仔的把关之下,没有任何一个细节出现过“露怯”的情况。

如果星河湾只是一两个系统相对出众,那么只能说明是打造这一两个系统的公司是出众的;反之,如果星河湾每一个系统都表现出了比较高的水平,那就只能说明一个问题——这个星河湾系统的总设计师是出色

的,他拥有一般人所不具备的整体的、协调的系统感觉!

曾经有个大盘的老板看了黄文仔的楼盘后对部下大发雷霆,说贝尔高林是我们第一个引进中国的,但同样是贝尔高林的设计,为什么做不出这种品味?黄文仔听了一笑:“对部下发威没有用,你问他每周下几次工地?”其实,这个问题难道是通过每周多下几次工地就能解决的吗?当然不是!对于一个大型房地产项目的开发过程而言,参与其中的各类设计公司是不计其数的,而要想把他们协调为一个“全息”的整体,就需要开发商具有极好的整体感,以及由此而产生的系统的协调能力。这就是我们所说的“黄文仔尺度”的第二个方面。

规矩的尺度

“最难守的是承诺就是对自己的承诺,自己的承诺可以随时改变没人监督,但是你对别人承诺,就会有人监督你,所以守自己的承诺是最难做到的,正因为它是最难做到的,所以我就一直要做到。”这就是黄文仔的第三个尺度,对人对己对事的规则尺度。

星河湾简介

它以建筑、自然与人之和谐为主张，创造出京城罕见的住宅环境艺术。规划设计以环境内与外结合，建筑与环境结合、环境与功能结合、观赏性与实用性结合、环境与人性化结合为五大原则。建筑与园林，环境与人居，观赏与实用性相融合，形成园中有园，景外有景，铸就了一部建筑园林艺术现代版的“园冶”。

黄文仔是一个喜欢打网球的人，非常喜欢打，而且水平非常高，可以与广州健将级的专业运动员对垒。仔细观察可以发现网球这项运动对他的影响有多大：他的个子不高，但肩膀厚实，说话不多，但中气实足，手臂极其有力，行动极其敏捷，这些都是网球运动带给他的巨大益处！但这项运动也带给他一点小小的麻烦，那就是右手上面永远有老茧，虽然过不了多久就要修剪一次，但在握手的时候还是常常会给人感觉到。

多年来，黄文仔坚持认为，一个人真正属于自己，而别人拿不走的东西只有三样，一个是感情，一个是知识，还有一个就是健康。所以每个周二、周五他一定要打网球，到了晚上八点钟，就什么人都不见，雷打不动地去打网球，一位电视记者曾经问过他：“布什来了，你也不见吗？”黄文仔倒是没见过布什，可是欧盟前任主席倒是见过，陪这位主席在星河湾会所吃饭，到八点，他就向这位主席致歉请求离开，开始自己的安排。

“一个连对自己的承诺都守不了，对别人的承诺也难做到”，这就是黄文仔不可逾越的规矩！这种关于生活的规矩，也是“黄文仔尺度”的一个极其重要的方面。在黄文仔看来，原则就是原则，原则是必须坚持的，原则是绝对不可以牺牲的，无论在何种情况下，原则都不可以用来做交易。对别人的原则是这样，对自己的原则也是这样。

当你看到黄文仔在网球场上的时候，你很难认出他来，很难想象他这个年纪还能发出这样犀利的球，还能这样积极地跑动；当他拿着球拍发火时，你又可以一下把他认出来，他在埋怨与他对阵的那位职业选手没有尽力去打，手下留情了。这是黄文仔最不能接受的事情，在他看来，打一场球和做一个楼盘的份量都是一样的，要么不做，做就做好，而且要做到最好——要用最好的状态与最好的对手打出最好的球，当对手不认真时，他

当然有理由生气了，因为这个作为他的球友的专业选手，正在破坏被黄文仔奉为至上的“黄文仔尺度”。

在西方的教义中，有一句著名的谚语，叫作“通往地狱的路有千万条，而通往天堂的路只有一条”，这句话说明了什么呢？说明了人要想成功就必须遵循那些普遍的规律。守规矩的人就是遵循正常生活原则的人，才是真正意义上的正常人，而只有正常人才能获得真正的成功，相对这些成功的正常人而言，现实社会中生活着的大多数人，都多多少少被现实社会“异化”了——先是对自己的生活作出一个未来预期的承诺，然后再去承受这个承诺所带来的生活的压力；为了这种生活的压力，而必须对别人进行承诺；而为了兑现对别人的承诺，我们又经常破坏对自己的承诺，最终你就会发现，确如黄文仔所说的那样，如果你不能够兑现自己的承诺，对别人的承诺肯定守不了。

从这点你也会发现黄文仔活得很真实，黄文仔不是一个对不起自己的人，正如他不会对不起别人一样；黄文仔不是一个对不起自己身体的人，正如他在星河湾运动设施的设置上，也会关心别人的身体一样；黄文仔不是一个对不起自己家人的人，正如他也会在星河湾配套设施的打造过程中，关爱别人的家人一样；黄文仔不是一个对不起自己孩子的人，正如他在星河湾的学校、幼儿园配置上，关怀别人的孩子一样；黄文仔不是一个不懂得享受生活的人，恰恰相反，他是一个极有生活品位的人，也正因为如此，他才能在星河湾的会所中塑造出那些极有品味的中西餐厅，并配上极为地道的中西美食！黄

星河湾植物搭配

小区引进了近百多种7000多棵树，保证秋冬两季1/3落叶，1/3彩叶，1/3保持绿色。园林景观中软绿化较多(水景、植物等)，硬绿化较少(广场、铺地等)，在植物的选择上采用乔木、灌木、地被植物及草皮相搭配的手法，且树多、花多、草少。

文仔是一个英雄，但他不是一个悲剧英雄，他是一个既对得起自己，也对得起家人，还对得起客户与社会的欢乐英雄——正是因为他的人生是均衡的、诗意的，所以他才能塑造出均衡的、诗意的星河湾生活模式——黄文仔活得很真实，尽管在某种程度上他是一个不可救药的完美主义者。

如果对照前两种“黄文仔尺度”，可以看出第三种尺度的重要性。第一种尺度——标准的尺度中，解析了作为一个地产开发商应有的管理思维；在第二种尺度——系统的尺度中，解析了作为一个地产开发商应有的专业修养；在第三种尺度——规矩的尺度中，解析了作为一个地产开发商应有的生活态度！试想，开发商在销售一个楼盘时，不只在卖一个产品，归根结底，是在销售一种生活方式，一种生活态度——身为一个开发商，他必须让自己首先成为一个正常的生活方式的实践者，然后才能成为一个健康的生活方式的体验者，进而才能成为一个先进的生活方式的推动者！而这一切的前提都要基于“正常”。换句话说，作为一个科学家，或许可以选择像陈景润那样的非正常人的生活，但是开发商不可以，因为你所销售的正是生活方式，所以你的生活方式必须正常，必须具有一定的代表性，而绝不可以偏激！

凡事只要坚持，只要能保持真正的连贯性，它就能成为一个品牌，就能被人接受。就像黄文仔八点钟打球的这个习惯一样，好多与他有交往的政府官员也都知道，也都习惯了。黄文仔也就真正可以把握自己生活的均衡性。

敬畏的尺度

作为一个开发商，黄文仔最敬畏的东西有两个：“一个是地，一个是天。前者是指空间，而后者是指时间。”黄文仔一直希望能够盖出对得起这

片土地的房子，希望这个作品至少在七十年的使用中不被人骂，这种敬畏之心也就是他的第四把尺度，对可为与不可为，或做与不可做的界线的理解。

说到对于土地的敬畏，黄文仔认为“中国的土地实际上很稀缺，如果你在一片很珍贵的土地上，去盖一个很普通的房子，就这样把它卖出去了，今后这个建筑物就是这个城市的一个组成部分，是能解决一部分困难的人，这个也是事实。但是等过20年，当人们的收入可能达到3000美金的时候，你想一想这个房子他还能住吗？

黄文仔一直希望能盖出对得起那片土地的房子，为此，他曾经四次去法国，三进罗浮宫，去感受欧洲建筑文化的博大精深，以及他们极为考究的比例与尺度，他所追求的正如他所说的：“随着土地资源的日益减少，我们做的产品至少应该做到不成为城市垃圾，在几十年后不被子孙后代骂，我是害怕被骂的！”

说到对于时间的敬畏，黄文仔提到的最多的一个词就是“70年”，其实，作为中国住宅房地产的使用年限，“70年”对于所有的开发商而言都是一个相等的长度，但是当这个“70年”在黄文仔那里，与他常说的成千上万个家庭结合在一起的时候，那就变成了一个显得非同寻常的态度问题了。他常常会提醒他的员工，“一个建筑最起码要用70年，如果它只能符合20年的使用要求，还有50年怎么办？这个50年间它就会变为垃圾，你想一想，它的主人过30年以后就骂死我，你说是不是等于后30年使用的人，骂死30前建房的人！”

园区分布9 000吨黄蜡石

黄蜡石也称黄石，清代以来我国公认的四大园林名石之一。因其表面呈蜡油状釉彩并呈现各种不同层次的黄色而冠名。最具特色的是富含玛瑙玉质纹，显得宝气十足。

为了不被人骂,他才总是尽心尽力地去打造自己的产品。既对得起每一片土地所占用的空间,又要对得起这片住宅所存在的时间。对于这两个方面,他永远都是怀着一种敬畏之情,生怕自己做不好事情,达不到自己心中那第四把尺子的要求。

作为这种敬畏之情最典型的体现，应当属于现在宏宇集团正在北京开发的北京星河湾楼盘。对于这个首次异地开发的星河湾项目,黄文仔在开发伊始就将其开发的难度考虑到了最充分的程度，用他的话说:“我们是进京赶考来了。”他郑重地告诉他的员工:“我希望在座各位认认真真用心思考一下,我们今年要打北京这一战。北京不是等闲之地,北京有中国最有文化,也最有优越感的人群,我们到底靠什么征服他们？北京汇聚了全国最有实力的发展商,我们到底靠什么超越他们？靠的就是这两个字:用心!”而如果做砸了呢?“如果做砸了,”黄文仔干脆利落地说,“我将带领我们北京公司的全体中层以上干部陪我一起走路回广州去！”

坐着飞机找树

有了这种敬畏之心,黄文仔和他的团队在北京星河湾项目中付出了巨大的心血和投入,单就北京星河湾的树种选择问题,到现在为止就已买了价值3 000万元的树种,约4 000棵。用黄文仔自己的话说:“为了选树,我们光在北方就走了13万公里,在我们的越野车里程表上就可以看到这个记录。我们有时为买一棵树要走1 000公里,整个北方各个角落我都走遍了。在选择时每一棵的具体高度及树种的粗细都有很周到的考虑；并且星河湾的种树是要定制做标的;在运输过程中,为了保证种下的树种能迅速成林，星河湾在移植时是不去树冠的，所以一辆车只

能拉一棵树,最多两棵。北京规委原主任赵知敬在看到星河湾这一种树方法后,十分吃惊,在感叹运费比树种贵时,对星河湾的用心程度评价很高。”从种树这种件事上,可以看到黄文仔在这种敬畏之心的驱策之下所做的加法,这种敬畏之心其实让黄文仔做得更多的其实是减法。

“金钥匙”服务

星河湾为保障尊贵业主享受到更具品质的生活,引进了五星级酒店独有的“金钥匙”服务体系,兑现着“无微不至,超乎想象”、“一切以客人为中心”的服务准则。将酒店业金钥匙服务理念和五星级酒店的服务标准,融入到楼盘的物业管理之中,为业主带来了完善的个性化、高品质服务与生活。

星河湾的打造是一个过程,是一个需要用比“星河湾标准”还严格把控的过程,而这种“星河湾标准”又具体体现为“黄文仔尺度”,因此,这就等于说明每一个星河湾项目的打造过程都不可能离开黄文仔本人的亲自把控。所以,这事实上也就决定了,这种有着巨大优点的开发模式,也必然诞生出与之对立统一的巨大缺点。这个缺点是什么呢?那就是不可能同时进行多项目运作,因为黄文仔只有一个,他的精力毕竟是有限的!

“我到现在一共只做了三个项目,其实以我做星河湾的品牌和名气,想要多做五六个项目都不成问题,不管北京还是广州都有很多开发商希望找我合作,但为什么我再三考虑过后还是选择放慢这个脚步,就是为考虑到质和量的关系问题。做得太多,量太大,我很难保证将‘质’同样兼顾得那么好,这中间是一定要有取舍的。”他一字一顿地说出了他那句名言:“不求做大,只求做好。”

“我想做大不是不可以,可以!冲着我们的品牌和产品,不少人都想找我合作,特别是到了北京。为什么我想来想去还是慢一慢再搞,这就是所谓的量力而行。因为我做多了怕我没办法做精!”这是多么可贵的一个怕字啊!这也许是“黄文仔尺度”中最高级别的一个尺度——敬畏的尺度——有所为,有所不为,这样才能有所必为!

做企业的第一个状态是知道自己能干什么,第二个状态是知道自己不能干什么,第三个状态才是知道自己只能干什么,而且要干就要把它干好。黄文仔正是一个处在第三种状态的企业管理者,他没有给自己定下全球五百强之类的目标,他只是极其执著的完成了自己喜欢做的、能做的、也是应该做的事情。正是通过这样不断的做减法,才使得黄文仔的精力能够聚焦,宏宇集团的团队能够聚焦,而星河湾的品牌力也才能聚焦。

单纯就这种聚焦而论,事实上,黄文仔都在做一种"舍"的功夫。这也正迎合了黄文仔一直提倡的"舍得、用心、创新"的开发特征。但是,也正是有舍才能有得,当黄文仔一门心思地去专心于自己的项目打造的时候,他却得到了一项别人想都不敢想的特殊的荣誉——2004年9月18日,《广州星河湾居住区——解读广州"星河湾"的规划设计建设和管理》一书,在北京规划委多功能厅举行的首发仪式,该书由北京市规划建设委员会、北京城市建设综合开发办公室和北京城市规划协会三个权威机构主编,并以"红头文件"的形式召集首都的建筑规划、园林设计单位和发展商学习。这是北京三部门第一次用正式出书的方式来推荐一个房地产项目,无论对谁而言都是一个巨大的荣誉,特别是对于一个北京以外的房地产开发项

目而言,就更显得非同寻常了!

星河实验小学

由全国著名特级教师、优秀教育家马芯兰任校长,是北京市、朝阳区教委重点扶持的公立学校。独特的教育理念,先进的管理经验,雄厚的师资力量和国内资深教育专家顾问团队全面提升孩子学习能力,使其充分体会到学习中的乐趣。

当有记者就此问题采访黄文仔本人时,他的敬畏之心再次表露无遗。他更多的是从现在的时代背景上来分析这本书,而不愿多谈自己:"'831'过去半个多月了,但它对于北京地产格局的影响才刚刚开始,地产商们从来没有像今天这样真正体会到土地是一种稀缺资源。在这样一个时代背景下,开发商的动作模式也将发生一系列,概括一句话就是:将从速度效益型向质量效益型转化,从粗放而迅速的开发模式向精细的开发模式转化。可以说'831'之后的今天,一个精耕细作的地产开发时代到了,或者说一个属于'品质地产'的时代到了,而星河湾正是大家认可的品质时代的代表,所以政府才会出这本书。"

随着国家土地政策的调整,全国的开发商都面临着一次巨大的转型的挑战。在那些拿地相对容易的日子里,对于大多数开发商而言,与其花心思在一个项目上耗费时间,赚取多一点利润,倒不如采取"短平快"的策略多去开发几个项目,赚取更高的综合利润。因此,奥林匹克中"更高、更快、更强"的精神,在中国地产界简直变成了"更快、更快、更快"。而在"831"之后,由于任何一个开发机会都将来之不易,都要用真金白银去土地一级市场上进行"招拍挂",所以,如果现在再不充分挖掘这些项目的利润深度,将有一批开发商,不但赚取不到足够的开发回报,而且还有可能失去企业赖以生存的利润空间,而最终则会被市场所淘汰。

在这种大的时代背景下,关注星河湾模式,关注黄文仔,也就变得更有历史和现实意义了。除了应当吸取他"标准的尺度","系统的尺度"和"规矩的尺度"之外,恐怕更应当关注的是他的这种对土地、对历史的"敬畏的尺度"!如果因为以前的土地来得过于容易,而缺乏敬畏的话,那么,

这个时候,是否应当对这些来之不易的土地更有敬畏之心呢?

在“831”之前和“831”之后,学不学习星河湾这种精耕细作的模式,必要性大有不同——当大家都以粗放经营模式作为开发主旋律时,星河湾模式的学习者主要的目的应当是为了“锦上添花”,解决如何利润最大化的问题;而当大家转而以集约经营模式作为开发主旋律时,那么星河湾学习者的主要目的就应当是为了“雪中送炭”了,这时候要解决的首先是自己的生存问题了,因为这时的市场“非精耕细作就难于生存了”!

第十一章 从木匠变身地产大亨

人物传奇

他的人生道路就是一条不断改变的轨迹:曾下过乡当过木匠,十几年的军旅生涯中作为战地记者到过最前线,转业后考入北京电影学院导演系,但毕业后并没有进入演艺圈,而是一头扎进了商海大潮;他上过战场去过前线,是军人;他出过三部作品集,在书画界声名远扬,是个标准文人;但他更是个出色的商人,他亲历战场,超越泡沫,而后胜出于微利时代;看他玩电影、EVD,甚至高尔夫,充满豪情壮志,他就是张宝全。

第一节 人物解读

个人简介

张宝全,江苏镇江人,从小画画,经历过中国社会"工农商学兵"所有角色的转换,下过乡,当过木匠,做过战地记者和猫耳洞作家,毕业于北京电影学院导演系,执导过四部电视剧。出版有报告文学集《强兵强将》,中篇小说集《啊,哈雷》、《火祭》,影视剧本集《第一百首歌》。

1992年投身商海,先后从事海洋运输及房地产开发,于2002年创办今典集团,全面执掌旗下房地产、电影、酒店、艺术四大产业集团,被公认为当今中国房地产界领袖人物之一。

个人履历

张宝全热爱东方哲学，艺术修养深厚，并坚持把艺术融入商业，他早期开发的今典花园、今日家园、空间蒙太奇、苹果社区、柿子林卡等项目，不仅是京城楼市最有影响力的楼盘，还在国内外获得了诸多建筑文化艺术奖项。

企业经营战略上，张宝全同样以艺术家的意识创新著称。于中国第三产业全面腾飞、度假消费需求日益旺盛之际，率先提出以“度假地产”作为企业开发的战略方向，并创建了中国第一个全国连锁高端度假酒店品牌——红树林，先后投资建设“中国第一座七星级度假酒店”等一系列红树林度假酒店。他所提倡的融“置业、度假、投资”功能于一体的度假地产运营模式深受欢迎；他所开发的“度假目的地”红树林酒店形态，更是推进了中国酒店领域的模式升级与思路创新。

张宝全还于2002年创办了中国最大的民营美术馆——今日美术馆，并在此基础之上，发展起了一条完整的艺术产业链，这与他自身就是一位艺术家密不可分，张宝全多年研习中国书法与绘画，策划过“彩墨江山”、“流行书风”等一系列艺术大展，在专业领域引起了热烈讨论和巨大反响，他的书画作品摆脱了艺术的束缚，以一种在旁人眼中“怪诞”的方式受到中国当代艺术的接纳，曾被《中国书法》杂志评为“年度书法人物”。

同时，张宝全还是当下中国电影的重要“推手”之一，旗下时代今典电

影集团系中国第三大电影产业集团，目前，其1+X电影生活方式的17.5品牌影院，已在全国有近千块银幕。在张宝全主导下研发的蒙太奇数字电影放映机于2008年北京奥运开幕式上，在“鸟巢”的“碗边”创造了全世界最长500米数字银幕的放映奇迹。所投拍的电影如《叶问》，也获得了巨大的社会反响。2010年戛纳电影节上，时代今典一举推出10部影片，吸引了全世界电影人的目光。其中改编自张宝全同名小说的3D电影《天命》，以及他将亲自执导的战争史诗大片《乱世胭脂》，更与国外多家厂商达成了版权合作协议。

他人评价

他不但是房地产开发的风云人物，同时也是房地产界有名的文化商人，他坚持每晚睡前一定读书，也被称为“北京字写得最好的房地产老总”。对于房产项目性价比，他更注重观念的创新和地产与文化的互动，他提出“文化地产”与“地产文化”的概念，认为房地产项目一定要有文化内涵，没有文化的东西缺乏长久的生命力。

个人荣誉

2010年当选中国商业地产联盟、中国商业地产行业年会组委会评选的“中国商业地产领袖人物”；

2009年当选新浪网“2009年度新浪乐居十大地产风云人物”；进入北青传媒“2009年北京地产影响力人物金牌榜”，投拍《沂蒙六姐妹》荣获华表奖最佳编剧奖，当选山东省临沂市荣誉市民，小说《天命》获盛大起点中文网“三十省企业家征文最具影响力奖”；

2008年被授予“万宝龙中国艺术赞助人物奖”，当选人民日报社评选的“中国改革开放30年房产建筑业十大领军人物”，当选《东方人物周刊》、《参考消息》、BTV、新浪联合评选的“赢在未来·商界领军人物”；

2007年当选“中国十大IT人物”，荣获“年度地产新首领地产卓越成就奖”；

2006年荣获中国房地产“十大风云人物”当选《北京青年报》等评选的“北京地产代表人物”；

2005年荣获中央电视台“CCTV经济年度人物提名奖”，当选北京楼市年度人物评选组委会“2005年度京城楼市影响力人物”；

2004年当选《书法》杂志“十大年度书法人物”，荣获全国工商联住宅产业商会颁发的“2004年度住宅产业领军人物奖”；

2003年至今当选全国工商联住宅产业商会副会长。

第二节　地产大鳄的另类江湖

印象深刻的“商业会谈”

1957年生于江苏镇江的张宝全其实并无显赫的家族背景，而且兄妹六人的家庭并未给他带来优裕的童年生活，相反，贫困才是真实的状态，但对知识的渴求，对文学的着迷，对绘画、艺术始终如一的酷爱则给他带来了内心满足和更多可供选择的机会。

> **张宝全名言**
>
> 我现在是不错。但是当初如果没有从商去搞艺术了，我的今天又会怎样呢？回头看时，我发现商业还是太简单了，它的游戏规则是恒定的，而艺术却是一个没有什么规则的有无限可能的世界。当然，现在我也可以再回头搞艺术，但是我知道，那种年轻的创造力、活力和激情已经失去了很多。

在张宝全还没有梦想的时候，他就见识了一次“商业会谈”。那时候他只是几岁的样子，张宝全他也是那次交易的主角——“商品”。事后回忆，他称那是他第一次深刻的童年记忆。事情发生在初秋的早上，父母亲已出门上班去了。蒙眬中，一个常到张宝全家串门的人推醒了他，谎称出去玩，就背起了没睡醒的张宝

全。兄长们没有注意到，这是一次不寻常的串门。

张宝全感觉走出了大院、小镇，甚至还坐了平生第一次的小船过河，然后是芦苇丛。最后在一个房子前停了下来。房子前很多孩子玩耍，背他去的人同一个陌生人时不时看他一眼，商讨了好一阵，陌生人只是摇头。最后，“交易失败”，张宝全被那个人生气地背回了镇子，直到黄昏，下班回来的母亲急急把他寻回家。那是一段张宝全痛恨的经历，只不过一切都未发生，仅作为茶余饭后的闲聊而已。如果发生，又会怎样？

在那个张宝全长大的大院，给了他充满好奇的天然性格。“夏天的黄昏，我几乎每天都是早早地洗了澡，然后拿着小凳到宿舍内的石头路上乘凉。乘凉的人们年龄大小不等，这种时候，不是大孩子领着小孩子做游戏，就是大孩子给小孩子讲故事。年年如此。”武汉作家方方的描述，同张宝全所说的有些相似。张宝全那时候学会了音乐、作画和写作，也知道了一些英雄史诗。至于后来的经商，在他看来几乎不存在难度。

从小木匠到种棉花

兄妹六人里，张宝全排行老四，当下除“老大”依旧在北京打拼外，其余几个兄妹尽管都曾有过在北京创业的经历，但后来均感觉氛围并不适应，于是纷纷再度回到江苏镇江，而张宝全之所以做过两三年木匠，而且“直到如今技术也不差”，受到的直接影响来自大哥。“我是在镇江第八中学上的高中，在高中还没毕业就已经给老大‘打下手了’，他们白天在单位上班，晚上就给人家打家具去，那时我经常给刨个料啊，锯个料啊，学着做,等高中一毕业,就正儿八经出来干了。”

早在解放前,张宝全父辈即在长江里做船务,后来公私合营浪潮来临,诸多相关同业者在政府主持之下成立江苏省航运公司,而之前做船长的张宝全父亲便顺理成章进入该单位成为国有企业工人,而张宝全兄妹均出生于江苏省航运公司宿舍,但因孩子太多,同样的家庭收入,他们家过得颇为贫苦。“我们家在那个航运宿舍里面算是比较困难的,在六几年的时候,我们就是二层楼房,就像筒子楼一样的,航运中心一共是三栋楼房,等于是家属院,大家收入基本都差不多,所以具体过得怎么样,完全看家里小孩的多少,人家一般都是两个、三个,还有的甚至是一个,四个的都不多,但我们家是六个,我们小时候就像放牛放羊一样,粗粗拉拉地就长大了。看现在的这些孩子太幸福,活得太精细了。”

张宝全认为,直到如今,当一个人静下心来,自己最为认同的,其实是“小木匠”的身份,虽然清苦,但很真实,而在做木匠的这两三年时间里,他曾被迫下乡到郊区种棉花,只是时间不长,只有一个月。“我觉得当木匠也是特殊时期的一种必然,当时我们上山下乡是怎么一个情况呢,如果是独生子女,就可以不下乡,如果是两个子女,要下去一个,但我们家是兄妹六个。我们老大下放到新疆了,所以老二就分配了。本来如果老三下去的话,那么我就可以分配,但从家里的角度来说,尽量能留的就留下,所以我们家老二老三就分配工作了。那么,很显然,我是老四,那肯定是要下去的。”

张宝全并不谦虚地说,自己头脑聪明,从小学习优异,大考大玩,小考小玩,到了中学也是如此,除了英语不灵光,基本各个科目都是前茅。

当时他几乎属于最后一批,是1976年初,而他下乡所干的活计是种棉花,但因老家和郊区较近,回家倒也方便。“大队把一个仓库清整了一下,把里面的粪桶、簸箕、锄头拿出来,里

张宝全名言

如果回到1992年,从头再来一遍,我还是会选择从商,不会去搞电影。那时候搞电影,饭都吃不饱。

我不是以创造利润最大化为目标。如果我有个工厂,做的是重复劳动,那我一定是找个厂长把一切都交给他去管。而现在盖房子,我可以不重复自己以前的成功,能够做出些不一样的地方来。

面打扫干净，放上一张床，一张破桌子，就成了我的宿舍。”“那时候干活都是打赤膊，以前在室内干活不明显，后来在室外不行了，到了晚上一睡觉，背后的皮全掉了，我趴在那里不能动。当干到不足一个星期的时候，我开始很茫然，觉得种棉花实在没什么希望，家里也希望我再出来做木匠。”

小木匠的转折

十年动乱打断了张宝全的上学路，对文学、对艺术的酷爱也因此被压抑在内心里。1976年，张宝全已经19周岁了，他还在镇边的一个村里插队。也许是遗传了父亲动手能力强的潜质，张宝全也干上了木匠活，而且手艺也和父亲一样好。很快就成了五级木工，每天工资2.25元，比当船长的父亲还高。然而让他迷茫的是：“我就是一个在大队建筑站做木匠的人吗？我还能干点别的吗？”这些想法只是在各种木料打磨中消耗着。也许在周而复始的日子里总会有些意外。“这一天与平常的日子没什么不同，我们建筑站去给人武部领导修窗子，歇息的时候我闲看报纸。人武部领导的夫人突然问我：‘小木匠你是本地人吗？’‘我是。’‘怎么不当兵？’‘没人介绍。’‘我帮你介绍吧。’”

短短的几句对白，从此让张宝全的人生轨迹又发生了改变，而且是离最初的理想愈来愈远。“我一直把那次经历看做人生机遇之一，就这样，终于进入南京军区炮兵部队做了军人。”张宝全在由贺龙元帅始创的“红军团”穿上军装不久，全国就恢复了

> **张宝全名言**
>
> 一个文艺青年做生意，也有别人没有的优势。这些年，多少次胆战心惊、命悬一线，一切都过来了，可能因为既有灵感，也有风险意识。一个庄家，任何时候都要把自己的牌控制在十六点以内。但是也要有灵感和创造性，比如说，不管给我多少钱，我也肯定不会用来买个矿山赚钱，虽然那样也能赚很多钱，但在我看来，那是简单的重复，没意思。

高考。得知此消息的张宝全，有些觉得命运天定。其实当时有些冲撞的他，并不信命。

开始做炮兵，很快他的作画、文学本领被发现，被转入了电影组。然而高高兴兴做了一段时间后，某根神经似乎被触动，张宝全觉得自己荒废了儿时的理想，开始有一种不安，便又匆匆抓起笔，匆匆爬格子，以至后来落下了毛病，走到什么地方总随身带着稿纸。1979年，前线发生战事，写血书请缨去前线，但部队领导没有批准。然而1984年，他终于背了一箱稿纸上前线。也就是这一次的经历使他对于死亡有了更深刻的认识，同时也使他的性格一下豁达了许多。

这些经历让张宝全开始重新思考，他的变化也体现在他的文字中。

1984年，他发表各种文章300多篇，荣立二等功。而到了战争末期，他的一些小说则已经反映出了一些反战的情绪，甚至出现了对当时军队中出现的拜金现象的抨击，包括纪实报告文学《血祭》在内，这种题材引起了当时人们的关注。一切的表象似乎看上去与张宝全的理想有些关联了，他也从中感受到了成就感，但是接下来的转变不是因为命运了，而是他自己改变了方向。

转战电影　为50万下海

已经三十而立的张宝全，一直在寻找事业的发力点，第一次主动地改变了自己的路径。1988年张宝全转业到了镇江电视台，他确定发挥自己天赋的领域应该是电影，支撑这一决定的理由很简单，“因为我有技术及制作经验”。

他的处女作也是唯一的电影作品，是1987年制作的《　百首歌》，那部作品是由部队投资2万块钱筹拍的，值得一提的是这部片子的编剧、导演、制片主任、作词、作曲都由张宝全一人担纲，这部戏成为日后其进

入北京电影学院导演系的奠基之作。也正是在拍摄那部电影的时候，他认识了王秋扬，王秋扬是他从商的启蒙人,也最终成为他的夫人。当时,他还毫无觉察。

张宝全转业不久，得知北京电影学院要从全国招7个人，但必须是有导演经历的人才有资格报考。不过,镇江电视台对张宝全抓得很紧,因为当年镇江台并没有进人名额，是看中了张宝全寄来的近一人高的各类作品才特意要来的。去和留对有主见的张宝全不是一个未定式,他几乎没怎么考虑就"停薪留职"北上北京了。

去北京电影学院面试的时候,这个"乡下"来的"兵"发现自己对外界环境已有些不了解,那天面试的学生外形都很有特点,长头发、怪异的衣服,让张宝全觉得自己如"鸡立鹤群",形象很土,心中忐忑,不免自卑,但他终于以笔试第一名的成绩考进了北京电影学院导演系，成为著名导演谢飞的学生。

然而,时过境迁,4年之后,张宝全发现拍电影已经不现实了。坐冷板凳的导演很多,投资的人却不多。想拍电影必须自己找钱。按当时的行情,挣到50万元就可以去拍电影。"我觉得自己也不笨,为什么不能曲线救国呢？"当时他"咬牙切齿"地想挣50万自己拍电影。为了搞到50万元拍电影的钱,张宝全选择了下海:"但我没想到,上了经商这趟车,方向盘握在手中,如果我下来,就没人掌握方向了,车上有这么多人,我只能开车往前。"

事实上,张宝全自己也承认,如果当时他选择了当导演,也许只是一个二流导演。相比今天地产上的叱咤风云将不可同日而语。

海南掘得第一桶金

张宝全对钱的渴望,超出了一切。1992年是一个特殊的年份,小平同志南方谈话过后,全社会创业激情再次高涨,超出了80年代只有技术人员和官员下海的窠臼,一个皮包一个公司的现象比比皆是,身无分文的张宝全也成了赶潮人。当时把经商叫做下海,意思是如果你缺乏驾驭艺术,就要为其他人的“成功”贡献出你的全部资金。

张宝全筹集“下海”本金,没人知道他是怎么筹到那点创业钱的,有关他的传说是,在他住的那个院子里堆满了他要变卖的作品、家什,不破不立,张宝全不惜血本要去尝试,这时他得到了夫人王秋扬的热情支持。

张宝全要下海的时候,正值房地产业还处于宽松的政策环境中,进入门槛低,做房地产开发一本万利。受“房地产热”的巨大影响,张宝全决定做地产。下海的首站,张宝全选择了深圳,然而结果令他失望。

1992年初,张宝全带着两口子加起来仅有的几千块钱去了热潮滚滚的深圳,准备在那停留,但当机舱门一打开,确实有“一股热浪扑面而来”,然而感觉令他极不舒服,随之而来的另一个感觉是,这里已经没有自己的机会了。生活清苦,每日基本以方便面充饥,求助朋友未获得响应,最终并未在深圳发现机会。

后来“因为帮助一个朋友做点什么事情的时候”,偶然去了海南,而此一去显然意味深长。在海南,张宝全经历丰富,操作手腕日渐老辣,非但成功与工商银行在资本层面实现了合作,更依靠当初合作伙伴的“丢盔弃甲”、“卷钱走人”而“意外”捞到一个空壳公司,到海南半年后,本地房地产市场整体崩盘,一批企业泥足深陷,而此刻的张宝全已经开始将公司业务向北京悄然倾斜,船务路径基本从山东跑到福建,把北方大宗的粮食拉到南方,而海南则仅仅为公司注册地和纳

《同仇敌忾》节选

鲁英一人坐在床上发呆,脸上丝毫无表情,眼睛也很少眨一眨。画外建筑工地的哨子声、机器声、汽车引擎声。鲁英扭头看着墙上窗帘后的窗户。鲁英慢慢走到窗前,掀起窗帘一角看着窗外……

税经营归属。

“当时海南一般的海运公司，只能跑内陆内洋，不能跑外洋，而我的公司是内洋外洋都能跑。在海南捞到的第一桶金是海运。当时为什么做地产呢？因为当时的中国房地产市场刚刚开放，大家都没做过，都站在同一个起跑线上，而地产又是‘小公司可以做大公司事情’的一个领域，所以我们重点还是放在地产上，只是后来我们将地产从海南向北京撤离，而大宗进出口贸易依旧在不断进行。”

转战北京从危房改造做起

进入北京后，张宝全凭借独特背景果断承接“危房改造”项目，并从该项目运作中迅速回笼资金，“为什么前期我要做危房改造呢？如果你买一块地，要100%的资金注入，而危房改造是什么政策呢？你只要把前期的规划作出来，把居民安置计划作好，而你又没有太大问题，就可以批准，前期不用花太多资金，只是拆迁的时间进度是非常重要的，只要拆迁完毕，我就可以开工，只要一开工，我就可以申请销售许可证，就可以卖房了。”

> **张宝全名言**
>
> “海南给我最大的收获就是让我知道什么叫‘市场’。‘市场’的第一条原则是风险，第二条才是利润，如果不把风险想清楚，光想到利润，利润是不存在的，利润永远在风险后面，而不是在前面。”

“当时来讲，没有任何一家公司在危房改造上比我们更专业，北京搞拆迁或者搞施工，没人比我更快，其实很多人并不知道，我们真正厉害的，是拆迁。”张宝全认为，相对而言，危房改造完全是靠辛苦挣钱，现在他再不会碰了。“那时候没有太多钱，等我做完今日家园后，我就坚决不再做危房改造小区了，现在是见了绕着走。就像苹果派，我一下子买你一个厂，干脆利索，所以，有钱就做有钱的生意，没钱就做没钱的生意。”“像我们这些人，能做成这个样子，其实还是机遇，其他的都不特别关键，只是说，这个时代让我们赶上了。”

今典起家

用张宝全妻子王秋扬的话说，从1993年找地皮、创办企业开始，今典就像她的大孩子，一天天在她和丈夫的注视中成长。这是张宝全和妻子一起草创北京地产局面的真实一幕。事实上，刚开始做一个项目时并不像回忆那一段经历来得那样轻松，当时的两次受骗张宝全很少提起。这也从一个侧面，印证了他当时还不是一个成熟的商人。

1994年张宝全把所有精力放在了北京，开始筹划启动他的第一个楼盘。然而，当时他没有北京的房地产开发资质。要开发房地产，必须和“本地有开发权的公司”联合。而那时北京有征地权的公司只有10家，基本上都是房管局、建委的下属企业；有开发权的企业也不过几十家。

最初，张宝全选中了北京电影学院旁的一块地，就和当时北京一家房地产公司合作：张宝全的公司挂靠在它下面，给10%的干股作为回报。等到张宝全筹备了一年，投资了近2 000万元，马上就要立项的时候，对方突然撕毁合同。张宝全一年的努力付诸流水，备尝挫折滋味。

之后，那家公司离职的一位副总成立了一家新公司，该公司主动寻求与张宝全一起合作，条件和原来的公司一样，一筹莫展的张宝全大喜过望。当即将立项报告盖上对方公司的章，以对方

公司的名义报了上去。而立项报告批下来后。这家公司拿出了原来公司一样的态度，张宝全再度被踢出局。

张宝全名言

“三亚是最典型的，你在三亚待三天就待不下去了，尽管有度假酒店，但是那儿没有度假生活。”“一座酒店，要满足人们吃喝玩乐的所有需求，才有可能让人流连忘返，今后的商务，一定是和度假相结合的。”

张宝全终于真正体会到市场的铁律：没有市场规则的时候，就要有防范一切风险的意识。这也造就了张宝全至今保持的习惯，任何一个项目既要作好最好的打算，也要做好最坏的打算，危险和细节主导事业成败。那是张宝全永远都不会忘记的教训。但张宝全没有放弃努力，决定向北京市建委上诉，主管领导作出批示：“如果那家公司有钱，就让他们干，如果没钱，就算了。”建委通知对方3个月时间打2 000万元到建委的账上。

张宝全艰难等待了3个月，对方最终不能筹到钱，不得不接受被撤项的事实。吸取了教训的张宝全最终决定独立成立有房地产开发资质的公司，1995年3月北京安地房地产开发有限公司成立，张宝全做了董事长。而之前流产的项目顺利立在安地的头上，后来做的楼盘就是“今典花园”。

这一切都没有白费。1997年，今典花园隆重上市，张宝全打响了在京地产的第一炮。张宝全获得的不仅是利润，他称：“企业家就是为创新而活着，如果没有创新，一个企业家就不可能成功。”张宝全的地产局面真正打开。

第三节　张宝全演绎度假地产

集团简介

今典集团是以房地产开发为主，瞄准未来信息产业文化的多元化企业集团，现拥有十多家成员公司，自90年代以来，已经发展成为一个跨行业、跨地区、多元化、国际化发展的现代企业集团，并以其独特的人文关怀与文化底蕴,在房地产乃至整个商界享有盛誉,被认为是中国地产文化的旗帜性企业。在房地产领域,今典集团凭借其深厚的文化优势,始终处于地产文化旗手的位置,并以其独特的文化理念和杰出的文化营销策略,打破了地产与文化、艺术、信息领域的界限。

直接从事度假地产

面对中国房地产市场从无序走向有序,从不成熟走向成熟,从关系主导走向资本主导,商业嗅觉灵敏的张宝全认为,地产商已经到了转型的时期,一是从单一产品向多元化产品转型,最重要的从单一的开发向开发加投资转型。张宝全独树一帜地绕开了住宅用地,直接从事度假地产开发。他的目标是做国内最大的连锁五星级酒店运营商,"像产权酒店这种把开发和酒店的运营结合起来的模式,我觉得它的意义更大,是一个长期、稳定的经营模式,它使得我们20年、30年可以稳定赢利。"从2008年开始,他迅速在三亚三亚湾、亚龙湾、海棠湾、广州从化、云南丽江、青岛、广西北海等地开发红树林度假酒店,最具噱头的当属海南三亚湾红树林酒店——张宝全欲将此打造成"中国首座博彩酒店"。

建立数字电影产业链

当前正是中国电影黄金时代的开始，相比传统胶片放映，数字放映在技术的成本、便利性等方面拥有巨大优势。张宝全认为，通过数字放映，中国内地的银幕数5年内能达到3万块的水平，当我们做到3–5万块银幕，全世界票房排序一定是美国第一、中国第二。数字放映首先需要相应的专业设备，张宝全早在2000年就跑到电影研究所了解数字放映技术的最新进展，而在2008年北京奥运会开幕式上，今典电影集团与美国科视公司合作的63台蒙太奇2K放映机，在鸟巢上空组成了全球最大的500米数字银幕。放映市场，在张宝全看来，中国大片影院已经发展的差不多了，中国85%的中小城市依然没有电影院，而这才是中国放映市场的核心价值。制片领域，张宝全基本每年投拍3部大片，其中获得最大关注的是2009年的《叶问》。

第十二章　上海滩上的本色富豪

人物传奇

他原来只是一名工人，从来没想过出人头地，以买卖股票赚得的本钱，大举投入福建、澳洲、北京、上海等地的房地产，经过30多年的拼搏，缔造了房地产王国。他向来深居简出、行事低调，其不露脸的性格，总让人觉得像是隔了层纱，看不透。截至2003年时，已经坐拥60多亿元资产，掌管着规模达200亿元的房地产。他的创业过程4个阶段。期间还曾携妻带子移居澳洲发展。这一过程让他完成了由打工仔向亿万富豪的蜕变。

第一节　人物解读

个人简介

许荣茂，1950年出生于福建石狮。2001年声名鹊起，首次入选《福布斯》中国内地富豪榜即跻身第五名。世茂投资在受让6250万股万象集团国有股后成为万象集团第一大股东，许荣茂出任万象集团董事长，2001年，万象集团更名为世茂股份。许荣茂家族以身家320亿位居2009胡润百富榜第三位。

人物事迹

许荣茂是从纺织品贸易起家，在80年代后期进入房地产开发。现在世茂集团已经是中国最大的房地产商之一，它们在福建、北京、上海以及香

港等地都有重要的房地产项目。世茂集团现在最大的一个项目是投资60亿元在上海建造开发的世茂滨江花园，这将是国内高度最高的高级住宅区。

许荣茂的创业经历了去香港闯荡—回福建故乡投资—到北京地产市场淘金—在上海大展拳脚的过程。这一过程让许荣茂完成了巨大财富的积累，也让许荣茂完成了由“打工仔”向“亿万富豪”的蜕变。

有人说，事业开始都是不易的，然而一旦你在开始的时候就积聚起了潜力，那么你的事业将可能迎来了它的飞速发展。

第二节　冒险王的“攻城”策略

做证券经纪人赚取人生第一桶金

自小不想出人头地的许荣茂，受到从医的父母对他的影响，选择了中医，这对他日后从商大有禆益。“中医讲究平和，不会为一些小事急躁。我觉得有一些人很聪明，但暴躁起来不考虑后果，这是做事业的大忌。”也因此70年代到香港寻求发展的许荣茂能平和地正视自己的生存状态：“我当时只会讲闽南话和普通话，所以从事中医没有先决条件，病人说什么我都听不清楚。”他打的第一份工是在药店里当伙计，只几天的光景，因为不能适应粤语，就又跑到工厂去了。

年近30岁的许荣茂在70年代末的时候来到香港，当时，他只不过是个普通的打工仔，和许多打工的人一样，什么行业都做过。常年累月的勤奋使他开始小有积蓄，但他并没有在这些一般性的行业里找到属于自己的

金矿，他仍然只是一个平常的寻梦人，神话般的成功并没有发生在他的身上。

后来，他介入了以前从未接触过的领域——证券市场，在一个偶然的机会里，他发现自己在这方面有着敏锐的判断能力和过人的投资天赋，于是，他认定这一行业将是自己施展才华的天地。许荣茂由此开始书写他的发迹史。

许荣茂名言

1. 个人沒有压力，因为我们是一个团体，而且我们不搞政治。

2. 每天工作十多个小时，不感到辛苦，因为很有满足感。

3. 你忘记带门卡，但不会忘记带你的

就像装满了线团的一只桶，只要抽出了一个线头，整个线团就陆续地出来了。从此以后，许荣茂的小小积蓄驶上了迅速翻番的快车道，几年工夫的"买入卖出"使他获得了奠定后来事业基础的第一桶金。据后来推算，这桶金至少应该在5亿元左右。

当个人的资金达到一个特定的量时，往往会希望它产生更多的收益，能发挥更大的作用。对于许荣茂来说，守着这样一桶金，也许能够享用一辈子了，但他考虑的是怎么使自己的财富进一步增值。他意识到股市里的钱来得快，去也容易，于是，他决定抽身做实业，以更加稳妥的模式把钱"固化"下来。

想到就要做到，1988年前后，他在香港投资建立纺织厂。后来考虑到内地成本低，他又把超过5家厂建到了内地，地点选在深圳和兰州，都做纺织和成衣，产品主要出口到美国。许荣茂的事业版图自此开始延伸至内地。

做出自己的品牌

最重要的人生机遇是在1989年。"这一年我转做房地产。以前做服装特别累，员工多，业务量大，但利润微薄。帮美国人做加工，等于为他人做嫁衣，成衣后贴上他们的标签，没有自己的品牌。这虽然也是实业，但缺少满足感。现在我们建一幢幢雄伟壮丽的大厦，既能美化城市，改善人们的生活，又给自己带来事业成功的欣慰。”此后的10多年里，许荣茂南征北战，不管房地产形势是高峰，还是低谷，他的事业总能蒸蒸日上。儿子许世坛将这一切归功于父亲的眼光：“他总能在别人看不到的时候看到。”

当无人看好中国内地房地产时，1989年的他出巨资在家乡福建进行了一系列项目开发。然而当大江南北的中国房地产如火如荼时，他却携妻带子转到了澳大利亚搞起房地产。1994年北京房地产低落时期，他却大举进入，以至后来的高档外销公寓在北京家喻户晓：紫竹花园、亚运花园、华澳中心、御景园等等，但许荣茂这个名字却鲜为人知。2000年北京房地产再上高峰，上海正是低谷，他又力排众议地将投资转向上海，再一次证明他有自己独特的经营之道。

80年代末，在石狮，许荣茂相继抛出一连串的开发计划，在这个过程中，由于国内形势的不确定因素，考虑到自身投资的安全，许荣茂也曾一度放缓在内地的这些项目，于1991年携妻带子东渡到了澳大利亚。

许荣茂已经无法不在房地产上倾注心思。在澳大利亚，他继续求证

自己对于房地产的领悟，投入大量资金在悉尼和达尔文市搞房地产。这一次他又成功了，而且由于在澳洲华人社会的影响力和对当地社会的突出贡献，他被授予了“太平绅士”的荣誉称号。

许荣茂名言

1. 人生像一个舞台！一旦自己能扮演一个比较重要的角色，就应该认真把握。我这个人只要看到是一个机遇，都想尽量去抓住它。

2. 高层单位的落地大玻璃只会撞死你，不会因撞破而跌死你。

但是他的情结还是在国内，一待政策明朗，即又迅速卷土重来。1993年，在刚刚获得“世界自然和文化遗产”之称的福建武夷山，许荣茂以投标方式购得500亩土地，以2亿元资金投资开发旅游度假区。据称，振狮开发区的投资回报率超过了50%。

低调的企业家

许荣茂的名字对一般人来说，还是比较陌生的。因为对于媒体和公众，许荣茂向来就是低调的，他认为所要做的，就是默默地做自己该做的和认定要做的事情。然而，作为一个企业家来说，他又深深地知道政策对于一个企业的重要性，政企沟通的重要性。因此，对许荣茂有所了解的人都说，他最听政府官员的话，与当地官员的关系也最好。这莫非就是许荣茂的发财之道？

许荣茂在1995年房地产市场极其低落时期悄然杀入北京市场，当时北京的众多房地产商正愁眉不展，面对衰势不知如何是好。而许荣茂一出手就不凡，拿到了许多人梦寐以求的10万平方米的地块，开发当时“钱”景乐观的亚运花园。

1997年，再次引起北京地产界震动的“华澳中心”开盘，20万平方米的项目在当时可谓大冒风险，但是许荣茂经营的楼盘的优良品质也着实让北京人开了眼界。房地产的冬天何时结束似乎还遥遥无期，但许荣茂的投资依然没有刹车的迹象。紧接着，16万平方米的紫竹花园、20万平方米的御景园相继上马，几个项目的累计投资额超过了40亿人民币。

此时的许荣茂,已经逐渐形成了一套成熟的投资理念,他在北京做的全都是高档外销公寓。依目前计算,许荣茂几乎占去了北京1/3以上的高档住宅市场。

上海大展拳脚

投入30亿元打造333米高的兼有商场、办公和酒店的60多层高楼——上海万象国际广场的计划正在实施之中。实施这一计划的是“世茂投资”,而“世茂投资”的掌管者正是许荣茂。

2000年8月,业绩一路下滑的上市企业上海万象集团突然宣布正式变更第一大股东:上海世茂投资发展有限公司接手占万象总股本26.43%的国家股。2003年2月,万象集团更名为“世茂股份”,以恒源祥闻名沪上的老牌商业股从此变更为世茂股份,并将过去的主业由商业转型为房地产业。

随着事态的发展,“世茂投资”日渐明了于上海人的面前。注册资本3亿元、成立于去年3月的上海世茂投资公司,看似经营杂乱,实际上是冲着万象的一块宝地而来——位于南京路最繁华地段、上海市第一百货店对面的一块面积达14万平方米的地块。在这里,万象与上海国投原本计划以55%和45%的投入比建造一座浦西第二高楼。随着世茂入主万象和后来世茂购买上海国投的投入比例,这个项目不知不觉间易手“世茂投资”。

2003年中旬,当陆家嘴旁边一个名叫“世茂滨江花园”的楼盘预售引来争相排队的火爆场面时,人们才彻底看清,世茂投资彻头彻尾是一只潜入上海滩的“地产大鳄”。这个占地22万平方米的楼盘预计投资将超过60亿元人民币,光拆迁费就花了18亿元。

现在,上海业内说起“高档住宅”必称“世茂滨江”,6幢超高层高档公寓和1幢60层的酒店式、70%的公寓绿化率充分展示了许荣茂的投资理念,这是目前上海市最豪华的

楼盘。据上海市物价局估价，世茂滨江花园每平方米的建造成本和装修及室内赠送设备的总价为10 037元人民币，预计销售时每平方米均价为1 600美元。

面对外滩璀璨的灯火，与东方明珠塔、金茂大厦、上海国际会议中心比肩而立，世茂滨江花园可谓地段极佳，一时间，许荣茂的眼光独到与神通广大成为业界议论的焦点。谁都知道，能拿到这样一个地段的市政旧城改造项目并非易事。而这也远不是许荣茂在上海投资的终了，在金桥，他又圈定20万平方米土地，计划投入近20亿元打造“湖滨花园”。

许荣茂谈房产

“其实中国房地产市场来说，房价的确是涨得比较快，也引起了社会各方面，包括中央政府的关注。所以现在有系列调控措施出台。”“一线城市的房地产市场存在一定泡沫。”为抑制房地产价格增长过快，减少投机炒房等，中央和国务院开展了一连串楼市调控新政，包括限制银行向开发商及开发商的投资方贷款、限制购买第二套房和提高二手房交易税收等。

许荣茂家大业大，他在一些相对较短的时间里，可以同时进行多个投资，且都数额庞大。那么，如此多的资金从何而来？许荣茂之子许世坛说，这些资金大多是“自筹资金”，很少比例是银行贷款。

然而，许荣茂同时在北京、上海拉开的战线是很长的，光奥运花园、上海万象国际广场、世茂滨江花园和湖滨花园4个最近的项目就需要资金超过100亿元，怎么保证资金来源？不靠贷款行吗？

有市场人士认为，已经投入约11亿元，历经4年才完成地下三层建设施工的上海万象国际广场目前基本处于停工状态，由于该项目基本是通过银行贷款来进行开发的，目前在建工程项下已累计了3亿多元的利息资本化余额。因此，一旦项目工程转入固定资产并停顿下去，那么每年6 000万左右的贷款利息和巨额的折旧将可能粉碎利润增长的幻想。

许荣茂必须再次发挥他的特长，他又杀回了香港证券市场，不过这次他不再是势单力薄的个体炒股者。今年9月18日，香港上市公司东建科讯控股有限公司发布公告：其52.04%的股权被一家信托基金所有的公司购买，受让价格为5 800万港元。据了解，此信托基金的受益人正是许荣茂及其妻子儿女。

世茂集团最近又正与另一家香港上市公司商谈,收购协议即将签订。可以想见,此举无非是借壳上市,通过把世茂集团在内地的几项优质房产项目注入香港上市公司,进而融得资金,推动项目的顺利实施。许荣茂要借资本市场为工程项目“造血”。

蓬勃发展的世茂集团,是一个“家族企业”:许世坛,许荣茂之子,1977年生,现为上海世茂房地产有限公司销售总监。许世永,许世坛的堂兄,“世茂投资”的董事之一,出资2.8亿元。许荣茂及其妻子和两名儿女掌控的WMHui Family Trust信托基金拥有了海外投资集团的全部股份,而海外投资集团实际上正是现在的世茂集团的前身。

因为家族企业在中国的诸多说法,许世坛认为,世茂集团不是什么家族企业,它有很多上市公司,有很多项目,况且他并不因为是许荣茂的儿子才坐到这个位置。另外,工程总监等都是从香港高薪聘请,任用谁都要董事会投票,每个人凭自己能力到适合的位置。世茂集团早脱离了家族企业的窠臼,虽然表面上看它可能还是家族企业的形式。不管怎样认识家族企业,目前看起来许荣茂已经成功突破了家族企业的一些瓶颈,让自己的企业处于一种正常、有序的高效运转之中。

在房地产开发上,作为世茂集团掌舵人的许荣茂以严谨的态度和利落的大手笔书写着他事业的成功史。